MONSIEUR LE COMTE
DE FALKENSTEIN,
OU
V·O·Y·A·G·E·S
DE L'EMPEREUR
JOSEPH II
EN ITALIE, EN BOHÊME
ET EN FRANCE;

Contenant un Précis des Établissemens utiles faits depuis le Regne de Marie-Thérèse.

PAR M. MAYER.

A ROME,

Et se trouve A PARIS,

Chez
{
CAILLEAU, Imprimeur - Libraire, rue St Severin.
ESPRIT, Libraire, au Palais Royal.
RUAULT, Libraire, rue de la Harpe.
}

M. DCC. LXXVII.

INTRODUCTION.

MONSIEUR le Comte de Falkenſtein s'eſt rendu ſi recommandable par la ſimplicité de ſon extérieur, par ſes connoiſſances & par le ſage emploi qu'il a fait du tems, dans une ville qui offroit des attraits contre leſquels il eſt difficile de ſe défendre, que ſon hiſtorien eſt aſſuré de la bienveillance publique. Quand le Héros eſt aimé, il reſte peu de choſes à faire à l'Ecrivain. Depuis long-tems les papiers publics

A ij

n'ont ceſſé de nous entretenir
de Joſeph II : il eſt venu, il
s'eſt montré .... il a reçu d'une
nation vive & ſenſible le tribut d'admiration qui lui étoit
dû; on l'a vu donner tout à la
curioſité utile, & tout refuſer à la molle diſſipation de
nos cercles. Homme ſenſible,
homme aimable, amateur de
tous les arts & de tous les talens, c'eſt de lui qu'on pourroit dire :

Tous les goûts à la fois ſont entrés
dans ſon ame,
Tout art a ſon hommage, & la vertu
l'enflâme.

Avec quel plaiſir ma main
a tracé les annales de ſa bien-
faiſance ! Je parlois d'un Sou-

verain, & en m'occupant de lui , mon ame étoit élevée par le souvenir de tous les bons Empereurs qui ont régné. Quand je cherchois dans lui le maître d'un Empire, je trouvois toujours l'homme simple, l'homme bienfaisant; où la grandeur Royale disparoissoit, la sensibilité prenoit place, & je disois : sans doute il est grand, puisqu'il sait comment un Roi peut ne pas le paroître. Celui qui fait le plus de bien aux hommes, est, sans contredit, le plus sûr de régner. Le hasard lui donna des sujets , ses vertus lui donnent des amis. Joseph II a été à Paris tel qu'on la vu en Italie,

ennemi du faste, laissant toujours l'agréable pour courir à
l'utile, n'oubliant jamais que
la félicité des sujets doit être
l'objet principal des voyages
& des méditations des Souverains.

Nota. Je n'ai pas besoin d'avertir
que ce recueil n'a de commun avec
les Anecdotes de l'Illustre Voyageur, que
les faits qui sont à tout le monde, &
qui par cette raison m'appartenoient.
La marche de mon ouvrage est bien
différente, je renvoie à ces anecdotes
ceux qui veulent tout lire.

MONSIEUR LE COMTE

DE FALKENSTEIN,

OU

VOYAGES

DE L'EMPEREUR

JOSEPH II

EN ITALIE EN BOHÉME ET EN FRANCE.

L'INCOGNITO d'un Roi eſt preſque toujours le faſtueux cortége d'un Prince magnifique : il n'y perd qu'un cérémonial inouï & qu'on eſt convenu de ſupprmer,

parce qu'il eft coûteux. Du refte,
attendu par les Officiers Supérieurs
des places par où il paffe, il eft
reçu en Monarque & fêté par-
tout ; mais ce qu'il conferve de la
Royauté, mais les honneurs qu'on
lui rend, font tout autant de caufes qui nuifent à fa curiofité & à
fon inftruction ; il ne voit que la
furface des objets qu'on lui repré-
fente dans un jour avantageux,
il franchit rapidement des efpaces
immenfes, on lui fait détourner la
vue de ces vaftes campagnes où des
hommes groffiers, mais vraiment
utiles, cultivent ces matieres premieres qui fervent au luxe des
villes & à la molleffe des riches.
Pauvre peuple! Vos champs fer-
tilifés n'arrêteront point le char léger du Monarque, s'ils ne font
point furchargés d'un monument
inutile & qui n'attefte fouvent que
les horreurs de la guerre ou que
la vanité d'un Grand qui ne fût
point connu par des vertus paifi-

bles. Bon peuple ! Ce n'eſt point
vous non plus qu'on croit un tableau digne d'être mis ſous les
yeux d'un Souverain ; on le pro-
méne dans des galeries où, s'il eſt
ſenſible, il s'attendrit ſur de foibles imitations de la nature, plutôt
que de l'arrêter par le ſpectacle ſi
touchant & ſi vrai de vos chau-
mieres, de vos travaux & de vos
fêtes villageoiſes. C'eſt ſur votre
front, n'en doutons point, qu'un
Légiſlateur ſage lira toujours la
ſituation d'un État ; votre joie,
votre aiſance, annoncent la ri-
cheſſe du Royaume que vous ha-
bitez ; votre douleur, vos murs
dépouillés par des exacteurs, di-
ſent trop bien que l'Etat n'eſt point
aſſez riche pour vous faire des remiſes néceſſaires (1).

Charles IV, qui vint en France,

_____

(1) Ceci n'eſt pas tout-à-fait juſte : on a un
exemple que l'État peut être obéré & faire en
même tems des remiſes. Sous le Regne d'Henri

(1) prouveroit prefque que l'agrément conduit plûtôt les Souverains
dans leur courfe que l'utilité. Je
crois cependant qu'on a parlé de ce
Prince un peu légèrement, fon
ignorance tenoit à celle de fon
fiecle. Les Arts étoient alors dans
leur enfance, nous n'avions à lui
offrir ni les Tableaux *de Rubens*,
ni ceux de *Le Moine*: nous n'a-
vions point de fucceffeurs des
Phidias & des *Praxiteles*; le com-
pas *de Vitruve* attendoit encore

_____

IV, les impôts de 1596 furent remis aux provinces dévaftées; par cette opération, M. de
Sully fit perdre au Roi vingt millions. Cette
fomme, qui feroit modique de nos jours, étoit
conféquente alors, que les revenus de l'Etat ne
fe montoient qu'à trente millions : il fortoit
cependant de la bourfe des fujets cent cinquante
millions. M. de Sully fit refpirer le peuple &
facilita les paiemens poftérieurs; mais c'étoit
Henri IV, mais c'étoit Sully.

(1) Charles IV vint en France en 1378. Il
créa le Dauphin Vicaire irrévocable de l'Empire en Dauphiné : depuis ce tems-là, les Empereurs d'Allemagne n'ont point eu de préten-
tion fur le Dauphiné ni fur le Royaume d'Arles.

des mains dignes de le manier, nos
Tentures étoient fans goût, notre
Luxe mal entendu, nos Poëtes
n'étoient que de mauvais Trouba-
dours, nous n'avions point encore
d'idée de ce fpectacle que le génie
de Corneille a rendu fi fublime & fi
refpectable, nous ne connoiffions
point la Mufique, nos Fêtes com-
mençoient & finiffoient par des
danfes, des tournois & des repréfentations dont le Machinifte faifoit tous les frais, l'image de la
guerre étoit fans ceffe retracée.
On donna à Charles IV , le fpectacle d'un Combat Maritime & de
la prife de la Ville de Jérufalem,
par Godefroi de Bouillon, qui mit
en fuite les Sarrafins. On dit que
ce Souverain montra beaucoup
d'indifférence pour les chofes utiles, ce qui eft très - vrai-fembla-
ble, parce que les Gentils hommes
d'alors ignoroient beaucoup de chofes & ne fçavoient point diftin-

guer les objets qui portoient un
caractere d'utilité, (1) mais de tous
tems on a pu être senfible, la
voix de l'humanité fe fit entendre
dès l'enfance du monde. *Saladin*
parmi les horreurs du carnage
avoit donné l'exemple de la bienfaifance. Si Charles IV s'eft refufé
à cette jouiffance celefte il eft con-
damnable : mais en cela feulement,
le refte de l'accufation trouve fon
excufe dans le tems où il a vécu,

_____

(1) Albert, furnommé le Grand, examinoit
très ferieufement fi un porc que l'on mene au
marché pour le vendre, eft tenu par l'homme
ou par la corde qu'on lui a paffé au col, fi
celui qui a acheté la chape entiere a acheté
la chapace. Cet Albert avoit un fi grand nombre d'écoliers, qu'il fut obligé de prendre une
place publique pour le théâtre de fa gloire :
c'eft ce qu'on nomme place Maubert ou place
de Maître Albert. Après cette obfervation,
Charles IV n'eft il pas excufable d'avoir eu fi
peu d'empreffement pour les belles chofes
du fiecle ; n'a t-on pas tort de l'annoncer
comme un pauvre fire ?

(**13**)*

la philofophie n'avoit point encore remis entre les mains du
Monarque le premier anneau de
cette chaîne qui le lie à fes fujets
& qui rapproche fes fujets de lui.
C'eft à elle que nous devons peut-
être des Rois éclairés & des mai-
tres populaires.

Mais eft-il bien vrai que les
voyages foient abfo'ument nécéf-
faires aux Princes? Charles le Sage,
Louis XII, le pere du Peuple,
Henri IV n'ont point dû leurs vertus à des fecours étrangers, ils furent fenfibles, ils furent bons, ils
donnerent la préférence à tous
les moyens qui portoient ce caractere de bonté qu'ils retrouvoient
dans leur cœur, le naturel étoit
heureux, l'expérience & la réfié-
xion l'embellirent encore; il faut
des connoiffances étendues, un efprit appliqué pour que les voyages foient utiles, il eft bien rare
que ces qualités fe rencontrent

dans la même personne ; parmi
les particuliers qui courent de pays
en pays dans l'objet de s'inſtruire,
il en eſt peu qui puiſſent dire, *je
n'ai point perdu mes pas.* Ceux-là
bornés par leur condition, bornés
par leur fortune, ne ſont point
forcés d'être diſſipés ; non , les
Rois ne doivent point voyager,
ils ont des Sages , des Sça-
vans..... Monteſquieu eût par-
couru le monde plus utilement
pour la France que ſon Roi. C'eſt
à des hommes de cette trempe &
doués de ce même génie que les
Souverains doivent confier le pénible emploi d'aller obſerver &
recueillir dans les pays voiſins ce
qu'ils ont d'utile. Les devoirs du
trône ſont trop étendus, il eſt trop
dangereux de dépoſer le ſceptre
entre des mains qui ne ſont point
nées pour le porter, & que l'intérêt particulier fait preſque toujours mouvoir.

Dans l'exception , je dois placer
Frédéric II, il a voyagé sans suite
& sans faste ; avec une pénétration
étonnante pour embrasser les mouvemens les plus compliqués de la
grande machine du gouvernement ; il a été doué d'une souplesse
susceptible des plus petits détails ;
il observoit en Légiflateur éclairé,
il traitoit en Négociateur adroit ; il
n'a manqué à ce grand Roi pour
rendre ses peuples plus heureux ,
qu'un Etat plus vaste , plus riche ,
& des moyens qui puffent répondre à ses grandes vues.

Le Czar Pierre , furnommé
grand à bien juste titre , a voyagé,
mais ce n'étoit point l'Empereur,
c'étoit , le dirai-je , *Pierre Michae-*
loff , Charpentier, dans les chantiers de *Sardam*. Ce grand homme
avoit d'immenses possessions &
un peuple innombrable à éclairer ;
il sentit le besoin qu'il avoit des
secours étrangers ; la Hollande de-

voit l'arrêter dans ses courses, ses
richesses l'étonnerent. Ce pays bâti
sur des marais, peu fertile, voit
refluer dans son sein les trésors
des deux mondes : Amsterdam est
le magasin général des nations ;
ses vaisseaux commerçans, sont tout
autant de Provinces flottantes ;
il est des voyages qui rendent aux
Hollandois beaucoup plus que des
possessions étendues. On a blâmé
le Czar d'avoir perdu deux années
dans les chantiers comme un simple
ouvrier (1) Je ne vois dans
son application à descendre dans
tous les détails de la construction,
que la prescience que son génie
avoit du besoin que les états ont
du commerce pour être dans cet
état de prospérité qui fait fleurir

_____

(1) Avant de quitter Péterfbourg, il avoit
appris la discipline militaire comme un simple
soldat sous le commandement d'un Officier
étranger.

l'induſtrie & les arts. Il connut en
Hollande la conſtruction , la Marine & le Commerce : heureux ſes
ſujets ! ſi les mœurs douces des
François ſous le regne ſi poli de
Louis XIV, avoient un peu adouci
l'âpreté de ſon caractere ; il en prit
du moins du goût pour les arts
agréables & pour la magnificence
qui donne de l'éclat aux qualités
d'un Souverain, quand elle n'eſt
point outrée; il retourna dans ſes
états, & la Ruſſie prit dans ſes
mains une forme nouvelle ; il créa
un autre peuple , les arts furent
tranſplantés ſur un terrein in-
connu , des vaiſſeaux voguerent
ſur la mer noire, Conſtantinople
trembla, Charles XII après l'avoir
battu neuf ans, fut enfin vaincu
à Pultava , & réduit à l'impuiſ-
ſance de ne pouvoir jamais lui
nuire ; bientôt Louis XIV reçut
des Ambaſſadeurs d'une puiſſance
dont on ne connoiſſoit point la

force, qu'on croyoit dix ans auparavant dans un état de barbarie, & qui maintenant entre pour beaucoup dans la balance de l'Europe, Cet Etat s'est accru avec une rapidité étonnante ; ses succès dans tous les genres sont frappans, des minorités foibles, le gouvernement des femmes, n'ont point apporté d'obstacles à sa grandeur ; ses armes ont toujours été heureuses, ses entreprises ont réussi, il peut tout ce qu'il veut ; il est militaire & commerçant, (1) bientôt

(1) Aucune nation, sans en excepter même la Turquie, n'est aussi favorablement placée que l'Empire Russe, pour tirer de la navigation sur la mer noire les plus grands avantages ; les contrées que le *Don* & le *Dnieper* arrosent, fournissent le bois de construction ; par ces deux fleuves on peut transporter jusqu'à la mer les productions de l'intérieur du pays, on a la même facilité pour l'importation. *Tavarow* est très-commode pour la construction ; *Tangeroff* est commode & profond, il fournit au commerce tous les avantages qu'on peut désirer pour y reposer les marchandises ; avec des

fes efcadres feront auffi redouta-
bles fur mer que fes troupes le font
fur terre ; la Hollande craint pour

---

travaux , *Petrowskaja* conftruit dans la derniere guerre , deviendroit un port commode
& fûr ; la mer *Dazof* y eft très profonde ; les
Ruffes font encore les maîtres de plufieurs ports
en Crimée , tous ne font point dans des villes ,
mais tous ont ce qui convient pour faciliter le
nouveau commerce de la nation ; le *Dnieper*
reçoit cinq cens rivieres avant de terminer fon
cours ; il a été établi de nouveaux bureaux de
douane à *Afoph* , *Kinburn* , *Taganrock* & autres forts ou places voifines de la mer noire ,
ainfi que dans la nouvelle Ruffie & fur les frontieres de la Pologne. Quatorze bâtimens Ruffes
ont paru depuis deux ans fur les mers noire &
blanche , dans la lifte des vaiffeaux entrés dans
le port de Conftantinople ; il n'eft plus rare
d'en voir qui font arrivés de *Kertch* & de
Jenicalé. Le vin femble être jufqu'à préfent le
principal objet de fon commerce. S. M. I. a
affigné un million pour le commerce du levant
& de la méditerranée.

Par l'art. XI du traité de Paix entre la Porte
& la Ruffie ; cette derniere a ftipulé la permiffion
d'établir en tous les endroits des états de S. H.
des Confuls & des Vice Confuls , en tel nombre qu'il lui plairoit , qui y auroient les mêmes
honneurs que les Confuls des autres nations. La

fes comptoirs,envain le Turc veut
l'empêcher de fe faifir des ports
qui font à fa convenance. L'Impératrice regnante a formé le projet bien grand affurément , de
joindre la mer Cafpienne à la mer
du Nord: la jonction enrichiroit des
cantons pauvres , & feroit avanta-
geufe à la Lithuanie & à la Pologne. L'Archipel , peu connu autrefois , vient de l'être après fix
découvertes ; le Pont - Euxin ,
qu'on avoit cru un abîme pour un
dixieme des vaiffeaux qui s'y pré-
fentoient , n'en étoit un que pour
ceux de mauvaife conftruction ,
montés & fervis par des mate-
lots fans expérience : on navigue
fur la mer noire avec autant d'ex-

navigation eft libre , & le tarif des marchan-
difes qui fera permis d importer & d'exporter ,
a été dreffé.
  La Sibérie a 800 lieues de longueur fur 500
de largeur , c'eft prefque une étendue de la
moitié de l'Europe , c'eft un défert que S. M. I.
veut peupler.

périence que fur les autres mers.
Un nouveau code de Loix a été
écrit pour réformer des abus fans
nombre, & pour abréger la longueur des procès. L'Impératrice a
fondé des écoles & des inftituts
pour l'éducation des jeunes Demoifelles nobles qui font dotées ;
une caiffe publique a été établie
pour affurer à des veuves, à des
orphelins, un entretien honnête
après le décès de leurs maris ou
des chefs de famille ; la Ruffie a
plus fait pour fa fplendeur dans
l'efpace d'un fiecle, que des Mo-
narchies anciennes où les arts
étoient en vigueur depuis long-
tems ! C'eft au génie du Czar
Pierre que cet État doit fon exiftence & fa gloire ; fi tous les Monarques voyageoient avec autant
d'utilité pour leurs peuplès, il faudroit les y inviter ; je ne vois que
Jofeph II qui puiffe être comparé
au Czar pour les vues profondes

& pour le defir de s'inftruire ; tous
deux ont recherché les grands
hommes, tous deux ont donné des
marques d'eftime aux talens ; je
n'oferois donner la préférence à
Jofeph II, dans la crainte d'être
foupçonné d'adulation, fi cet Empereur ne l'emportoit fur Pierre
par la bienfaifance. L'hiftoire du
Czar ne peut rien offrir de com-
parable à l'aménité touchante de
l'Empereur ; Pierre fe fit craindre,
il employa la force pour faire des
grandes chofes , le fang ruiffela
fous fon regne , il aima la ven-
geance , peut-être dut-il être cruel :
je plains le Souverain qui eft réduit à cette extrêmité. Le Czar fut
grand & redoutable ; Jofeph II eft
grand & il eft aimé ; fa douceur
lui a gagné fes fujets, Marie-Thé-
refe fon augufte mere , lui a appris
quels heureux fruits elle a recueilli
de ce moyen pacifique, & qui devroit être toujours préféré.

,Joſeph II n'a été connu dans
ſes voyages en Italie & en France,
que ſous le nom de *Comte de Falkenſtein* : (1) il n'a voulu recevoir
que les égards dus à M. le Comte,
& s'eſt refuſé à tous les hommages qu'on vouloit rendre à l'Empereur.

Avant de donner les détails de

---

(1) Falkenſtein eſt une Comté dépendante de
la Lorraine , qui appartient à l'Empereur par la
réſerve qui en a été faite lors du traité de ceſſion
du Duché en 1735. Ce Fief de l'Empire ,
ſitué entre la Lorraine & l'Alſace , eſt reſté à
François I qui , quoiqu'il ne fût encore que
grand Duc de Toſcane , voulut conſerver un
état de l'Empire , au moyen duquel il reſtoit
membre du corps Germanique & éligible pour
la Couronne Impériale. Les Ducs de Lorraine ,
en qualité de Comtes de Falkenſtein , ont eu
voix & ſéance au banc des Comtes de l'Empire.
On dit que c'eſt le plus ancien patrimoine de
la maiſon de Lorraine , qu'on fait deſcendre de
Gerard , Landgrave d'Alſace , qui ſuccéda à
Albert en 1048 , dont le biſayeul étoit frere
aîné de Gontram , duquel eſt iſſue la maiſon
de Habsbourg , à préſent la maiſon d'Autriche ,
qui à ce compte là ne ſeroit qu'une branche
cadette de la maiſon de Lorraine.

fes voyages, avant de faire connoître le Roi voyageur, il eft à
propos de fuivre Jofeph II &
Marie-Thérèfe dans leurs États ;
le bonheur de leurs fujets, une
bonne adminiftration, font des
monumens qui confacreront l'art
de régner qu'ils poffedent fi bien.
Marc-Aurele écrivoit les devoirs
des Rois, (1) Jofeph II & Marie-
Thérèfe mettent en pratique les
leçons de l'Empereur Romain. —
« Le métier de régner eft plus dif-
» ficile qu'on ne l'imagine : on ne
» peut fatisfaire tout le monde,
» & par conféquent il y a des
» mécontens ; il faut s'occuper

___

(1) Comparaifon de Marie Thérèfe à Marc-
Aurele , demandée à M. de Voltaire par M. le
Comte de… de qui je la tiens….

Marc-Aurele , autrefois des Princes le modele,
Sur le devoir des Rois inftruifait nos ayeux,
        Et Thérèfe fait à vos yeux
    Tout ce qu'écrivoit Marc-Aurele.

                                » de

» de ſes devoirs qui ſont ſans nom-
» bre, & ſouvent quand on a cru
» les remplir, on voit qu'on a
» été trompé : on eſt privé du pre-
» mier bonheur de la vie, *celui*
» *d'avoir des amis.* » (1) Sans doute
métier de régner eſt difficile pour
le Monarque qui connoît toute

---

(1) Louis XIV avoit coutume de dire à
chaque élévation de ſujets à une place : *Je*
fais un ingrat & mille mécontens. Marc-
Aurele prêt à monter ſur le premier trône du
monde, parut triſte; ſa mere lui ayant demandé d'où venoit ſa triſteſſe, il répondit :
Vous ne voulez pas que je ſois triſte, je vais
régner. Ne ſemble-t-il point voir reſpirer l'ame
de ce bon Empereur dans Joſeph II : ce ſont
ſes propres paroles que j'ai rendues, il les prononça en Italie le 27 Mars 1769, dans le Palais
de *Corſini*, pendant qu'on danſoit. On ne dira
point de lui :

Amitié, que les Rois, ces illuſtres ingrats,
Sont aſſez malheureux pour ne connoître pas.

M. de Voltaire fit ce diſtique dans un mo
ment de mauvaiſe humeur, il eut fait grace aux
Rois, s'il eut connu Joſeph II.

B

l'étendue de ſes devoirs , & qui
veut les remplir tous. O vous qui
faites un aveu ſi noble & ſi vrai ,
combien vous paroiſſez digne de
régner ! Votre bouche fit ſans le
vouloir l'éloge de votre cœur , vos
actions vont y ajouter un caractere augufte.

Marie-Théréſe, fille de Charles
VI, née le 13 Mai 1717 , mariée
à François-Étienne de Lorraine ,
depuis grand Duc de Toſcane ,
enſuite Empereur ſous le nom de
Charles François I , ſuccéda à
Charles VI. Ce Monarque ayant
perdu ſon fils *Léopold* , né le 15
Avril 1716 , & mort le 4 Novem-
bre de la même année ; craignant
les troubles qui pourroient s'élever
après ſa mort , voulut les prévenir
par un acte nommé la *Pragmatique
Sanction* , dans laquelle il régla ,
qu'en cas qu'il mourut ſans ſuc-
ceſſeur , tous les biens héréditaires
de ſon augufte maiſon appartien-

droient à l'Archiduchesse *Marie-Thérèse*, & que l'Archiduchesse *Marie-Anne* auroit seulement un appanage. (1) Ces biens comprennent, outre l'ancien patrimoine de la Maison Impériale d'Autriche, les Royaumes de Bohême, de Hongrie & les Pays-Bas Autrichiens ; dans le tems, Charles VI possédoit Naples & Sicile.

Les Etats héréditaires de la Maison d'Autriche, sont les Royaumes de Hongrie & de Bohême, autrefois électifs ; mais cette élection n'est plus qu'une assemblée des Etats pour reconnoître le nouveau Monarque, & demander la confirmation de ce qu'il leur reste encore de leurs anciens priviléges. La Hongrie ne fut pas toujours si

---

(1) Le Prince Eugène dit alors qu'une armée de cent mille hommes garantiroit mieux la Pragmatique Sanction que cent mille traités ; les événemens ont réalisé sa prédiction.

foumife : les Puiffances en guerre
contre laMaifon d'Autriche, leur
ont procuré fouvent des fubfides,
de & tant que les noms de *Ragotzi*,
de *Berizini*, d'*Efterhazi* & de tant
d'autres ont retenti dans le monde,
la Cour de Vienne a eu toujours
à craindre les foulevemens d'un
peuple qu'il n'appartenoit qu'à
Marie-Thérèfe d'enchaîner par des
bienfaits. Outre ces deux Royaumes, la Maifon d'Autriche a des
poffeffions en Italie, & s'étend
jufques dans les pays de Suabe.

Après la mort de Charles VI,
Marie-Thérèfe, âgée de vingt-trois
ans, monta fur le Trône, elle
affocia fon époux au Gouvernement de l'Empire, fans prétendre
déroger à la Sanction Impériale ;
les Etats de Bohême & d'Italie s'y
foumirent, les Hongrois s'y con-
formerent, elle prêta devant les
Députés de Hongrie le ferment
fait en 1222, que fes prédéceffeurs

n'avoient plus voulu prononcer :
« Si moi ou quelqu'un de mes
» succeſſeurs , en quelque tems
» que ce ſoit , veut enfreindre vos
» priviléges, qu'à vous ſoit permis
» de vous défendre , *ſans pouvoir*
» *être traités de rebelles.* Cette inno-
vation , qui flattoit l'orgueil d'une
nation jalouſe de ſa liberté , lui
concilia tous les eſprits , & les feux
de la diſcorde qui fumoient encore , s'éteignirent peut-être pour
toujours.

Mais quand les ſoumiſſions de
ſes ſujets & ſa conduite ſage aſ-
ſuroient à Marie-Thérèſe la paix
intérieure , les cris de guerre ſe
faiſoient entendre aux limites de
l'Empire , des ennemis puiſſans
s'élevoient , une ligue funeſte ſe
tramoit ſourdement , l'éruption
devoit en être terrible : bientôt
ſans Etat , tremblante pour ſa vie,
elle ſera forcée d'écrire à la Ducheſſe de Lorraine , ſa belle-mere...

B iij

*J'ignore s'il me reſtera une ville pour
y faire mes couches.* On vit avec ja-
louſie l'élévation de la Maiſon
d'Autriche, on ne vouloit point
que la dignité Impériale demeurât
dans cette Maiſon; la France même,
encore imbue des maximes du Cardinal de Richelieu, ſe prêtoit à toutes les vues des Puiſſances ennemies : le Comte de Belleiſle entraî-
noit la Cour de Verſailles, malgré
la réſiſtance du prudent Cardinal
de Fleuri, qui ſembloit prévoir le
peu de ſuccès des armes Françoi-
ſes, & combien peu la France devoit compter ſur ſes traités avec
le Roi de Pruſſe, qui avoit des vues
& des intérêts différens, & qui
ſeroit obligé de céder aux circonſtances.

Les Manifeſtes parurent & allu-
merent l'incendie générale. Charles Albert, Duc de Baviere, entra
en campagne; le Roi de Pologne,
qui avoit épouſé une Princeſſe, fille

de l'Empereur Joseph I, & le Roi d'Espagne, se promirent de tirer parti des troubles de l'Autriche. Le Roi de Prusse se mit en marche dans le mois de Décembre 1740 : quel étoit son droit ? *Je demande*, disoit-il, *les armes à la main, ce que la force m'a ravi.* Que lui avoit-on ravi ? C'étoit un problême, il l'éclaircit bientôt en s'emparant de la Silésie & du Comté de Glatz : ce pays étoit à sa convenance ; c'étoit sans doute celui qu'on lui avoit enlevé ; il fit la guerre en guerrier qui sait tirer parti des droits du vainqueur. Les contributions furent exhorbitantes, les armes de Bavière, aidées de celles de France, d'Espagne, de Savoye & de Saxe, firent des incursions & prétendoient réduire la Maison d'Autriche au patrimoine du grand Duc. Dans ce tems-là, Marie-Thérèse mit au monde l'Archiduc Joseph (13 Mars 1741) ; la Reine en

vironnée d'ennemis , fans armée,
fans argent , n'avoit eu que la reffource de fe réfugier en Hongrie
& de folliciter des fecours : elle
prononça devant les Etats affem-
blés une harangue latine qui
émut les affiftans : « Abandon-
» née de mes amis , perfécutée
» par mes ennemis, attaquée par
» mes plus proches parens, je n'ai
» de reffource que dans votre fidé-
» lité , dans votre courage & dans
» ma conftance ; je remets en vos
» mains la fille & le fils de vos
» Rois. » — A l'attendriffement
fuccéda un enthoufiafme martial,
& ces braves Hongrois jurerent devant leur Souveraine de la venger
ou de mourir ; l'effet fuivit de près
le ferment : trois mille guerriers
vieillis dans les combats , montent
à cheval, & leur zèle fe commu-
niquant de proche en proche , les
Croates mettent fur pied douze
mille hommes & préparent de nou-

velles levées , des peuplades en-
tieres fe rangent fous leurs dra-
peaux , le Clergé fournit des fommes confidérables , la générofité
(1) Angloife s'éveille & offre à
Marie - Thérèfe un don gratuit
qu'elle refufe , ne voulant recevoir
que l'argent qu'elle avoit demandé
au Parlement.

Le Roi de Pruffe, toujours vic-
torieux, la contraignit enfin de
démembrer fes États : par un
Traité du mois de Juin 1742 , elle
céda à ce Prince ce qu'il avoit con-
quis, la Siléfie, la Comté de Gratz :
au moyen de cet accord, les armées Pruffiennes fortirent de la
Bohême , & rejetterent fur la
France tout le fardeau de la guerre.
Le Roi de Pologne fit la paix après
l'expédition de Prague : le Roi des

(1) La Duchefse de Malborougt dépofa quarante mille livres fterling , les Dames les plus
qualifiées de Londres offrirent foixante mille
livres fterling.

B v

Deux-Siciles en fit autant ; mais le
Roi de Pruſſe ſe déclara une ſeconde fois contr'elle. Charles Albert, Duc de Baviere, qui avoit été
proclamé Empereur, mourut enfin
à Munich, dans une ſituation ſin-
guliere pour un Souverain. (1)
Après cette mort, Marie Thérèſe
fit couronner ſon époux à Francfort
malgré les avantages que rempor-
toit le Roi de Pruſſe , & malgré les
proteſtations de l'Electeur Palatin ;
la Reine aſſiſta elle-même au cou-
ronnement de ſon époux, & cria
la premiere, *vive l'Empereur François I.* Le Roi de Pruſſe aban-
donna une ſeconde fois les François par la médiation du Roi d'Angleterre ; &, par le Traité de Dreſ-
de, il fut confirmé dans la poſ-
ſeſſion de la Siléſie. Le fils de
Charles VII avoit renoncé aux
prétentions de ſon Pere : la France
demeuroit preſque ſeule ſur le

_____

(1) Il mourut preſque dans l'indigence.

champ de bataille ; le Comte de
Saxe commandoit ſes troupes, c'en
étoit aſſez pour inquiéter l'Impératrice. Le ſuccès de ſes négocia-
tions avec l'Angleterre, la Hollande , la Pologne & la Pruſſe,
étoit empoiſonné par les conquê-
tes des François : enfin , la paix ſe
fit ; le Traité fut ſigné à Aix-la-
Chapelle. Toutes les Puiſſances ,
après s'être épuiſées d'hommes &
d'argent, ſe trouverent à-peu-près
au même point d'où elles étoient
parties ; la Pragmatique Sanction
fut confirmée par les Parties al-
liées.

Les États de l'Impératrice Reine
avoient été ravagés par les troupes
ennemies : ceux qui avoient échappés au pillage avoient été ſurchar-
gés d'impôts ; il falloit adoucir le
ſort des uns, & ſecourir les autres.
On a vu Marie Thérèſe, femme
forte, hardie, inébranlable dans
les dangers, ordonnant en Capi-

B vj

taine, tenant tous les Confeils de
guerre , négociant elle - même par
Lettres, toujours inaltérable dans
les revers... de plus douces ima-
ges vont fuccéder.... Ce n'eft
plus cette amazone armée de
l'Egide, repouffant tous les traits:
lancés, c'eft la *Mere de la Patrie*; elle
veut détruire d'affreux fouvenirs
(1). Les Généraux, les Officiers à
qui elle devoit le falut de l'Empire , furent récompenfés de
leurs travaux. Elle remplit pendant la paix les promeffes qu'elle
avoit faites à fes Sujets : un nouvel ordre de difcipline fut établi;

---

(1) Le Général Daun battit le Roi de Pruffe
à Choremitz. S. M. I. vifita la Maréchale fon
époufe , & lui apprit elle-même cette victoire.
A cette occafion , elle inftitua l'Ordre Militaire de *Marie-Thérèfe*, en décora les Officiers
qui s'étoient diftingués dans cette journée , &
laiffa au Général Daun l'honneur de faire une
promotion. Toute diftinction de naiffance , de
religion & d'anciennecé de fervice , en eft ex-
clue ; l'Officier qui a fait une belle action peut fe
préfenter, donner des preuves du fait, il eft décoré.

l'Impératrice voulut avoir toujours
fur pied des troupes nombreufes,
pour être prête à tout, & pour ne
pas preffer les Milices & les contributions dans les néceffités de l'É-
tat ; les pays héréditaires y con-
coururent; les Hongrois donnerent
l'exemple, & reçurent en gárnifon
les Régimens envoyés par la Reine. François I rétablit par fes foins
la tranquillité entre les Cercles
Germaniques, jufqu'alors toujours
divifés. L'Impératrice facilita à la
Hongrie le Commerce des vins en
accordant des libertés, & en ne
levant qu'une foible impofition
pour le droit de paffage dans l'Ar-
chiduché d'Autriche (1). Cette

(1) S. M. I. a rendu une Ordonnance qui
fupprime tout droit de tranfit fur les vins
de Hongrie qui pafferont par les Etats d'Allemagne, foit par eau, foit par terre, pour être
tranfportés à l'étranger, avec cette réferve
néanmoins que ceux qui voudront exporter
par le Danube une certaine quantité de vins de
la Hongrie pour la Bavière, les Evêchés de

Nation, qui avoit tant fait pour fa
Souveraine, demanda en récom-
penfe d'avoir l'honneur de retenir
parmi elle l'Archiduc Jofeph ; l'Impératrice lui promit de le lui confier
dans un âge plus avancé ; en confé-
quence, les Hongrois firent bâtir à
Offen, aux dépens de la Nation, un
Palais pour le fils *de Marie-Thérèfe.*
Les Sujets de la Bohême, ruinés
par les dévaftations, ne pouvoient
payer un impôt établi furle fel;il fut
fupprimé : les déferteurs, condamnés à la peine de mort, en furent
affranchis, & leur châtiment fut
commué en des travaux publics.
Par ce moyen, des hommes qui
devoient périr devinrent, par leur
faute même, utiles à l'État. La
France vient d'imiter cet exem-

---

ple; elle conſerve des hommes, dont le crime après tout conſiſtoit dans la déſobéiſſance, aſſez rigou- reuſement punie par une captivité perpétuelle : la population avoit diminué, c'étoit une ſuite des guer- res, les mariages des ſoldats furent encouragés ; &, dans l'eſpace de quatre années, on compta qua- rante mille enfans nés de ces ma- riages : des établiſſemens furent fondés, pour pourvoir à la ſubſiſ- tance & à l'éducation de ces enfans. L'Impératrice en a fait des Sujets utiles, des Ouvriers, des Artiſans ; elle protégea les Manufactures éta- blies dans ſes États, en promettant des primes & des gratifications à ceux qui concourroient au prompt débit des fabrications : elle proſ- crivit l'uſage des galons & des étoffes d'or & d'argent qui ſeroient travaillés chez l'Étranger, dans la vue de contribuer à l'accroiſſement des Fabriques du Royaume : la

culture du lin, du chanvre, fut
expreffément recommandée : S.
M. I. veilloit elle-même aux Manufactures de toile, de coton & de
bazin, à la Fabrique des cuirs de
Ruffie.

Sans les troupes, l'État feroit la
proie des ennemis qui voudroient
s'en emparer; fans les loix, il s'é-
crouleroit fur lui-même : les Rois
fages ont toujours travaillé à affer-
mir la tranquillité publique fur des
principes auffi juftes qu'invaria-
bles : nos Codes ont été écrit dans
ce motif; mais tels qu'ils font, ils
font infuffilans; il y a trop long-
temps qu'ils exiftent; ils ne nous
conviennent prefque plus : les
Royaumes fe font aggrandis, fon-
dus avec d'autres États : le Code
du vainqueur n'a pu être propre
au vaincu; de-là vient, même en
France, cette foule de Coutumes
& d'Ufages, fi différens les uns
des autres : notre Jurifprudence

eft très-obfcure ; nous n'avons *d'é-crit* que peu de chofe vraiment de nous. Juftinien eft toujours con-fulté : l'Autriche étoit dans la même confufion. L'Impératrice rendit un Règlement qui établit un principe clair, abrégea les mortelles lon-gueurs des procédures, & donna des entraves aux Juges. La Bo-hême jouiffoit déjà de ce bienfait : l'Impératrice de Ruffie & le Roi de Pruffe ont réformé les Cours de juftice, & délivre leurs fujets des vexations de la chicane. Puiffent les François détruire un jour tou-tes les contrariétés de leur Jurif-prudence, & réunir par les for-mes des procédures tant de Pro-vinces qui n'ont depuis long-tems qu'un feul & même Chef. Marie-Thérèfe mit au monde l'Archidu-cheffe Jofeph : pour toute fête, elle délivra tous les déferteurs qui de-voient travailler pendant leur vie aux fortifications : des cris de re-

connoiſſance, les bénédictions des
familles lui tinrent lieu de bals &
d'illuminations : cette fête ne
coûtoit rien à l'Epargne, & étoit
bien plus chere à ſon cœur : c'étoit
marquer l'époque de la naiſſance
de la Princeſſe d'un ſouvenir bien
précieux. Quelques années après,
Louis XV & Marie-Thérèſe con-
clurent un Traité au grand éton-
nement de l'Europe. Les deux
maiſons rivales furent unies par des
liens ſecrets : on dut cette alliance
au Cardinal de Bernis, qui jugea
à propos de ſecouer le joug que la
politique de Richelieu avoit impoſé ſur le Miniſtere François. Si
ce grand politique avoit pu prévoir qu'un jour ces deux Puiſſances ſeroient unies, il ſe ſeroit
épargné bien des peines pour chercher des alliances contre l'Autriche : il étoit plus utile pour la
France d'être unie avec elle que
de chercher à la combattre ; mais

autres tems, autres combinaiſons.

François I mourut, le moment approche où Joſeph II va paroître ſur le Trône, & montrer l'Héritier de mille Vertus. La lettre de condoléance qu'il écrivit à ſes Sœurs, mérite d'être rapportée quoiqu'elle ſoit déjà toute entiere dans des recueils connus.

« Pardonnez, mes chers Sœurs, ſi dans l'excès de la douleur qui m'accable, & au milieu des occupations dont je me trouve chargé, je m'adreſſe à vous toutes à la fois. Nous venons d'être frappés du coup le plus funeſte qui put nous menacer, nous perdons le plus tendre des pères & notre meilleur ami. Soumettez-vous aux décrets de la Providence, prions ſans ceſſe Dieu pour le repos de ſon Ame, & redoublons d'attachement pour notre Auguſte Mère, le ſeul bien qui nous reſte: Sa conſervation fait mon unique foin dans ces affreux moments. Si toute l'amitié d'un Frere , qui ne fçauroit plus vous l'offrir , puif-que vous la poffédez depuis long-tems , peut vous être de quelque utilité , ordonnez-en , je trouverai du foulagement à vous fervir , je vous embraffe toutes , & ne demande que de la compaffion pour le plus malheureux fils. »

L'Impératrice fit élire Jofeph II , aux mêmes conditions que François I ; (il fut couronné à Francfort, le 27 Mars 1774.) A peine il fût nommé Corégent qu'il voulut tout voir & tout con-noître. Il commença par ordonner à toutes les perfonnes de fa Cour , & aux membres des différens Col-léges , de lui remettre un état exact de leurs appointemens, leurs noms , leur état, & leurs pen-fions. L'Impératrice avoit fouvent quitté fa capitale pour parcourir fes Provinces, on l'avoit vue véri-

fier des Regiſtres, interroger les
Officiers Subalternes, faire la revue
de ſes troupes, veiller à l'éducation nationale; Joſeph II, dès l'année 1766, viſita les Royaumes
Héréditaires, il prit lui-même
une notice des objets eſſentiels;
les Manufactures, les Fortifications, les Troupes, & la ſitua-
tions des Peuples furent examinés
avec la plus grande exactitude.
Marie-Théréſe n'avoit point ſuivi
les traces de ſes prédéceſſeurs; la
Cour de Vienne étoit aſſervie avant
elle à une étiquete génante, &
qui ſembloit n'avoir été établie que
pour élever des Barrieres entre le
peuple & le Souverain; l'Impératrice ne s'y conforma point, deux
fois par ſemaine on vit à ſa Table
les Seigneurs les plus diſtingués,
& les Dames les plus qualifiées,
le peuple n'eut rien gagné à cette
réforme. Mais S. M. fixa des jours
d'audience où toutes les Claſſes

pouvoient l'approcher, le Peuple
même pouvoit lui écrire, elle ré-
pondoit; jamais elle ne refufa de
entendre.

Le peuple alloit la voir & revenoit heureux.

Jofeph II eft acceffible prefque tous les momens du jour ; s'il
fe promene dans fa Capitale ,
rien ne l'annonce , rien ne le
diftingue, il parle indifférément à
tout le monde, s'il voyage il n'a
point de fafte, point de fuite. L'Impératrice fut en danger de mort en
1767. On vit ce tenare fils conftam-
ment attaché au lit de fa mere, la
confoler, la fervir, paffer les nuits.
*Un Roi ne connoît combien fon Peu-
ple l'aime que quand il eft malade*,
difoit Henri IV dans des momens
pareils; la France qui trembloit pour
fes jours, étoit plongée dans un
deuil univerfel, les fujets de Marie-
Thérèfe firent éclater pour elle
une douleur auffi profonde; à fon
rétabliffement, elle difpenfa de la

Capitation une partie du Peuple,
elle rembourſa ſur les deniers de
ſa propre Caiſſe ceux qui avoient
déja payé : on frappa une Mé-
daille où le nom de *Mère de la
Patrie* lui fut donné ; elle a bien
mérité la douce épithete de Mère
de la Patrie ; on ne trouva jamais
ſur le Trône plus de bonté & tant
de popularité. Une femme de Lu-
xembourg retenue dans ſon lit par
l'âge & par les infirmités, & qui
s'étoit toujours trouvée à la Cêne
du Jeudi-Saint, fit dire à l'Impératrice qu'elle étoit inconſolable de
ne pouvoir aſſiſter à cette Cérémonie, non à cauſe de l'honneur
qu'elle auroit reçu ; mais parce
qu'elle avoit été privée du bonheur de voir une Reine adorée.
L'Impératrice touchée de ces té-
moignages, vint elle même dans
la demeure de cette vieille femme,
elle étoit couchée. « Vous regret-
» tez de ne m'avoir point vue, con-

» fol ez-vous, ma bonne, je viens
» vous voir. » — Il exiſtoit dans ſes
Etats un impôt de dix pour cent
ſur les Succeſſions Collatérales,
les Succeſſions des Abbés furent
compriſes dans l'Edit, & à chaque
mutation d'Abbé, l'impôt étoit
perçu ; les Couvents s'abonnerent
avec le Domaine ; mais ils ne laiſ-
ferent pas d'exiger le dixieme ſur
leurs vaſſaux, par ce moyen un
impôt qui n'étoit dû que par l'Abbé, & dont ſes revenus répondoient
fut impoſé aux cultivateurs ; cette
exaction portoit le nom de *Droit
de Mitre* ; cette uſurpation a été
réprimée : les ſujets ne payent plus
rien, les Monaſteres demeurent
ſeuls chargés. Une autre Ordonnance circonſcrit le droit de Chaſſe
des Seigneurs, permet aux proprié-
taires de fermer leurs champs &
de tirer ſur les ſangliers, veut que
chacun jouiſſe d'une pleine & entiere liberté. Ce droit de Chaſſe,

contre

contre lequel les peuples ont
toujours reclamé devroit-il exif-
ter ? pourquoi faut-il que l'intérêt
particulier domine fur le bien général ? ne pourroit-on pas dédomma-
ger les Seigneurs de la perte de la
Chaffe illimitée par un droit plus
honorifique. L'Impératrice avoit
appellé des Financiers François
dans fes Etats pour leur confier l'adminiftration de fes revenus. S. M.
ne pouvoit mieux choifir, aucune
nation n'a d'auffi bon Calculateurs,
& des Financiers plus adroits......
Mais Peuple & Financier ne font
point des termes abfolument fyno-
nimes ; Marie-Thérèfe s'en apperçut, & après avoir recueilli des
opérations de ces étrangers le fruit
qu'elle en efpéroit, elle abolit toutes les fermes & y fubftitua une
régie qui fut confiée à un Confeil ;
toutes les branches de l'adminiftration furent fimplifiées, le nombre des Claffes fut diminué, la

C

TréforerieGénéraledevint le centre de toute recette & de toute dépenfe, une Chambre des Comptes fut établie pour infpecter la régie, & une affemblée de Miniftres travaille chaque femaine à la perfection du fyftême des Finances: cette maniere de percevoir les revenus de l'Etat eft la plus fimple & la moins difpendieufe.

Le vrai fyftême pour que les Finances en Autriche fuffent proportionnées à la grandeur de fes états, à la multitude de fes fujets (1) à leur induftrie, à la fertilité des terres, ce feroit que le commerce n'y fut point gêné, que les impôts fe levaffent d'une maniere plus fimple, plus égale, que cette multitude de gardes fut fupprimée, & que chaque Province fut chargée de four-

(1) Cette adreffe fut préfentée à l'Impératrice dans le tems, & la détermina probablement à fupprimer les fermes.

nir une certaine fomme ; il n'en
eft point qui à ces conditions ne
payât volontiers autant que l'Impératrice en tire actuellement, n'y
gagnaffent-elles que les profits immenfes que font les Traitans, elles
fe croiroient trop heureufes : mais
bientôt devenues plus riches par la
facilité du commerce, elles feroient
en état de fournir de plus grands
fecours , eft - il néceffaire que
tous ceux qui manient les deniers
de l'Impératrice foient opulens.
En faut-il tant? un Receveur ou
deux dans chaque Ville ne fuffi-
roient-ils pas? ces Receveurs particuliers auroient tous rapport à un
Receveur général de la Province
qui remettroit immédiatement au
Contrôleur-général ou au Con-
feiller nommé à cet effet, ce qu'il
auroit reçu des Receveurs particuliers. Pour accélérer les payemens,
il fuffiroit de régler que les particuliers qui n'auroient pas fatisfait à leur

taxe dans un certain temps, feroient
obligés de payer de plus après ce ter-
me expiré, le fol, ou les deux fols
pour livres. Les taxés des habitans
de la campagne feroient affifes fur
les terres même & fur les beftiaux,
non fur le commerce qu'ils feroient
d'ailleurs, bien moins fur leur dépenfe à s'habiller, & à fe nourrir.
Toutes exemptions cefferoient,
l'impofition fur les terres fe feroit
fur le prix des trois ou quatre derniers baux, y compris les charges de
la Taille du fel, la Capitation, Sub-
vention, uftchfiles que les fermiers
font ordinairement obligés d'ac-
quitter, par rapport aux villes; ce
feroit aux Magiftrats à y établir
les impofitions proportionnées à la
quote part qu'elles devroient fournir, tant pour droit de boutique,
de carroffes, de domeftiques; l'eau
de vie, le tabac & les autres chofes
qui ne font point d'un ufage commun ou néceffaire, ne peuvent guè-
res être trop taxées. J'ofe l'affurer, fi

l'Imperatrice tire aujoud'hui trois
cens millions de ses peuples, elle en
tireroit le double de la maniere dont
je parle.

S. M. I. a permis la libre exportation des grains, sans être sou-
mise pour cela à des droits d'entrée & de sortie. Une partie de la
législation & celle à laquelle on
paroît faire le moins d'attention,
c'est l'éducation des gens de la
campagne; ces malheureux, nés
pour les travaux les plus forts, sont
abandonnés à eux-mêmes, nulle
instruction, ils cultivent comme
leurs ayeux, ni mieux, ni plus mal.
Les anciennes erreurs s'y transmet-
rent de l'ayeul au petit-fils; des
Magisters qui savent tout au plus
lire & écrire, mais sans connoissance de la morale, se chargent d'é-
lever nos jeunes paysans; des ouvriers ignares qui ne peuvent sub-
sister dans les villes, se retirent
dans les petits bourgs; des hommes

fous le nom de Médecins, ou de
Chirurgiens, abufent de leur confiance ; un trait tout récent confir-
mera ce que j'avance fur ces Efcu-
lapes de villages. Un payfan des
environs de Chartres avoit eu les
doigts gélés en partie lors du froid
exceffif qui s'eft fait fentir pendant
les mois de Janvier & Fevrier de
l'année 1776 ; il s'adreffe à un Chi-
rurgien de fon village ; cet homme
lui propofe un moyen, on ne le
devineroit pas, c'eft l'amputation de
tous les doigts, quoiqu'il n'y en eut
que quelques-uns que le froid eut
attaqués ; le Villageois crédule fouf-
crit avec docilité à l'ordonnance de
fon Efculape, qui cependant a la
modeftie d'avouer que le Maréchal
de l'endroit, homme habile & plein
de dextérité, réuffira beaucoup
mieux que lui. Le délégué accepte
fans répugnance la commiffion ; la
victime eft amenée ; d'abord on
fait pófer à celui qu'on veut guérir,

une de ſes mains ſur l'enclume , &
le Maréchal armé d'une hache cou-
pe d'un ſeul coup les cinq doigts ;
le patient place auſſi-tôt ſon autre
main , & d'un ſecond coup les cinq
autres doigts ſont abattus, & voilà
le malade guéri. Si cet acte d'im-
bécilité, de cruauté & d'ignorance, n'étoit bien avéré, on n'oſe-
roit le croire. Le barbare.... il n'a
point héſité à donner ce conſeil
funeſte, il a été préſent à l'éxécu-
tion, il a vu l'imbécille martyr de
ſa cruauté ſouffrir, perdre ſon ſang,
être réduit à la mendicité, il l'a vu..
il vit encore, les remors ou plûtôt
les châtimens ne l'ont point perſé-
cuté. De ce fait il naît une réflé-
xion bien triſte, c'eſt qu'il n'eſt
pas rare de voir la ſanté des gens
de la campagne abandonnée à des
garçons qui ſavent tout au plus
tirer le ſang d'une veine. La Po-
lice n'eſt point aſſez rigide ſur ce
fait important, les Conſuls des

C iv

Communautés ne font point affez
prémunis contre le Charlatanifme
& contre l'ignorance. L'Impératrice
a prévenu ces terribles événemens ,
elle a fondé à Milan une Chaire
d'économie politique qu'elle a confiée au Marquis de Beccaria. C'eft
un Collége où ceux qui veulent
devenir maîtres d'école dans les
campagnes, font obligés d'aller
apprendre eux mêmes ce qu'il doivent enfeigner aux payfans, tant
fur les connoiffances civiles &
Economiques, que morales & reli-
gieufe, on ne permet à qui que ce
foit d'enfeigner dans les petites
écoles à moins qu'il n'ait paffé dans
ce Collége le tems prefcrit, & qu'il
n'ait obtenu les atteftations de ca-
pacité fuffifantes. S. M. I. a encore
fondé une EcolePratique de Commerce, où quatre Profefeurs en-
feignent à des éleves, fils de Mar-
chands & d'Artifans , l'Ecriture ,
l'Arithmétique,le Deffin,laGéogra-

phie relative au Commerce, le ftyle
mercantile, les Langues principales,
un Cours de Morale dirigé vers le
Commerce. On ne fera point étonné que Marie-Thérèfe porte fi loin
les vues fur le Commerce , quand
on faura qu'elle fuit avec ardeur le
projet qu'elle a de rendre fes Etats
commerçans ; Oftende, Livourne,
Triefte ! embrafferont déformais
toute l'Europe ; de ces trois Ports
partiront les Vaiffeaux pour la Côte
de Coromandel & pour les Indes.
La Ville de *Fioume* a été déclarée
Port franc. L'Etabliffement d'une
Compagnie des Indes Orientales
eft certain. On veut propofer la
franchife du Cap de Bonne-Efpé-
rance, parce que ce deffein eft con-
forme au-defir de la Compagnie ;
le Commerce des Pays-Bas a été
finguliérement protégé. Une Ecole
Paftorale a été fondée pour l'éducation des Beftiaux. Cette population étoit loin de fa véritable valeur.

C v

Les autres Royaumes, & la France
fur-tout, ont befoin de pareilles
Ecoles, ils ne tirent point affez parti du Bétail. Différens Réglemens
ont été publiés en Autriche pour
encourager différentes branches
d'Economie Rurale, & principa-
lement l'éducation des Abeilles &
des Vers à foie, ainfi que les cul-
tures qui y font relatives. L'Adminiftration promet à ceux qui s'y
adonneront des exemptions & des
récompenfes.

Jofeph II a lui-même labouré
un champ. Le Prince de Lichtenf-
tein a confacré cette journée (le
19 Août 1766) par un Monument
de marbre orné de Figures allégo-
riques. Louis XVI, encore Dauphin, fillonna des guérets; il feroit
à fouhaiter qu'une inftitution ancienne eut ennobli la charrue en
ordonnant aux Souverains d'y tou-
cher a des jours marqués. Le pré-
jugé n'a que trop avili les Labou-

reurs, qui font nos peres nourriciers.
Point de Commerce , point de
Luxe fans agriculture, c'eft la mere
fource. Cette vérité devroit retentir fans ceffe dans les cabinets des
Miniftres, lorfqu'ils font prêts à
figner un Edit qui la furcharge
d'un nouvel impôt. *Eh! qui me
nourrira fi l'on ruine mon Peuple?...
S'en prendre à mon Peuple , ven-
tre faint - gris,* difoit le bon Henri I V. On ne peut le perdre de
vue toutes les fois qu'on s'occupe
d'un bon Souverain ; & Marc-Aurele , & Louis XII , & Henri IV ,
& Jofeph II fe reffemblent tous ;
on croiroit que la même ame s'eft
plue à les animer tour-à-tour. *Jofeph II* fait que l'argent des Peuples doit être employé pour l'utilité commune : c'eft à ces motifs
qu'il fubordonne fa générofité.
François Premier, fon augufte pere,
fe tranfportoit à toutes les incen-
dies , dès qu'il entendoit fonner la

C vj

cloche ; fon fils y court avec le
même zele, & accélere , autant
qu'il eſt poſſible, les ſecours néceſſaires. On l'a vu traverſer le Danube pendant que ſes eaux étoient
enflées, & qu'elles avoient rompu
tous les ponts , pour procurer des
ſubſiſtances aux Habitans d'un
fauxbourg qui étoit inondé. Les
plus hardis Mariniers n'oſoient
s'expoſer pour aller ſauver leurs
cc ncitoyens ; l'Empereur lui-même
fut montrer dans cette occaſion
qu'il étoit le pere de ſes ſujets. Il a
indiqué un jour par ſemaine où les
plaintes & les demandes peuvent
lui être préſentées en perſonne : il
entend tout le monde , grands &
petits, nul n'eſt repouſſé. Ses audiences ſont ſatisfaiſantes ; il écoute
& répond ; il promet & tient ſa
promeſſe. Celui qui ſortit mécon-
tent de l'audience du Miniſtre,
dont la froideur ou l'indifférence
l'ont bleſſé, trouve auprès du Mo-

marque ce tendre intérêt qui raf-
sure, & y puise cette confiance qui
encourage. Rien de mieux établi
que les audiences publiques des
Miniftres : mais rien de plus inutile
par la maniere dont elles font tenues.

Depuis long-tems on a écrit pour
& contre les inftitutions monaf-
tiques. L'autorité n'a point décidé
la queftion ; je n'entrerai dans aucune difcuffion à ce fujet,& puifque
le Gouvernement croit en devoir
tolérer l'étonnante multiplicité, on
doit laiffer en repos ces Religieux
célibataires : mais on peut refpecter
leurs fondations, leur permettre
de vivre ifolés au milieu des villes,
fans que la tolérance doive excufer
leur nullité. Tout Sujet fe doit
à l'Etat ; & les Maifons Religieufes fondées par le Peuple,
s'y doivent particuliérement. Jofeph II qui connoît l'étendue des
devoirs de l'homme, vifita les Couvens de Religieufes ; il fe fit rendre

compte de la maniere d'y vivre,
& des occupations intérieures. Il
en trouva plufieurs qui goûtoient
d'avance cet état paffif, un des at-
tributs de la béatitude; on n'y faifoit que chanter le Seigneur, &
manger : l'Empereur crut que ce
n'étoit point affez, il voulut les
fanctifier encore par le travail; il
leur envoya une quantité de pieces
de toile pour faire des chemifes à
fes foldats. Tous les Souverains
pourroient tirer le même parti des
Monafteres ; il vaut mieux employer la main de ces filles faintes
à des travaux utiles à la patrie, que
de les abandonner à l'oifiveté, ou
à des occupations frivoles.

Tel eft le Souverain qui partage
avec Marie - Therefe le droit de
faire des heureux ; que ne doit-on
point attendre de lui , quand maître de l'Empire toutes fes actions
pourront lui être imputées ? On
vient de le voir dans fes Etats Roi

fage, toujours occupé de fes fujets; homme fenfible, courant au-devant de l'infortune , on va le fuivre dans fes voyages : ce ne fera plus l'Empereur, mais un fimple particulier, qui joint à un cœur excellent des vues fupérieures, & qui va obferver , en fpectateur fans paffion, ces nuances qui mettent une différence entre un Peuple & un autre, & ces Etabliffemens utiles qui font donner à une Nation la prééminence fur l'autre. Rome, cette ville fi fameufe fous fes Sénateurs, où

Des Prêtres forcenés foulent d'un pied tranquille
Les tombeaux des Caton & les cendres d'Emile.

Rome qui n'eft plus guerriere, mais encore la capitale du monde, par les Monumens des Artiftes les plus célebres, Rome dont la Politique eft fi différente des autres Etats de l'Europe, dont les inté-

rêts font fi oppofés, & dont le Chef
reffemble fi peu aux autres Souverains , devoit l'attirer. Il y arriva
le 15 Mars 1769 ; c'étoit pendant
la tenue du Conclave; dans un
tems de fermentation. Une voiture
à quatre chevaux , fans aucune
fuite , portoit l'Empereur, fon
grand Ecuyer & Prince de Lich-
tenftein ; il avoit laiffé derriere lui
deux de fes Chambellans ; les rues
de Rome par où il devoit paffer
étoient remplies de peuple : dès
qu'il parut , un cri général de *vive
l'Empereur*, fe fit entendre. Plufieurs crioient, c'eft notre Roi :
c'eft le Roi des Romains. Il renvoya les Gardes, les Députations,
les Princes chargés de le compli-
menter, il répondit à tout le monde : *je garde l'incognito , je ne veux
recevoir aucuns honneurs*. Le lendemain il fe rendit de très-bonne
heure à Saint-Pierre , il examina
cet édifice pompeux avec la plus

grande attention ; les détails &
l'enfemble rien ne lui échappa. Il
monta enfuite au Conclave, où il
fut introduit feul avec fon frere.
Il dit aux Cardinaux, en fe retirant :
*Meffieurs, je fouhaite que vous faf-
fiez un Pape fans préjugés, & digne
de maintenir les droits de la Religion.*
Son fouhait fut accompli par l'é-
lection de Ganganelli au Pontificat.
Ce Pape, parvenu à la Papauté de
la même maniere à peu près que
Sixte V, avec un caractere plus
conciliant étoit digne comme lui
de gouverner l'Eglife. Il a ménagé
toutes les Puiffances, fans en excepter l'Angleterre, qui l'a beaucoup regretté. Le même jour il y
eût, vers les fept heures du foir,
une illumination fuperbe, & une
grande mufique dans la cour du
Palais *Sforza*. L'empreffement du
Peuple étoit fi grand, qu'il crioit
viva l'Imperatore giufepe, aux por-
tieres de tous les carroffes qui an-

nonçoient quelque magnificence.
Parmi les chofes obligeantes que
l'Empereur dit à tout le monde,
dans le Palais Sforza, les paroles
qu'il adreſſa au Bailli de Breteuil,
Ambaſſadeur de Malthe, à l'occafion du Cardinal de Bernis, méritent d'être rapportées. —— Je fuis
bien aiſe de voir le Cardinal de
Bernis : c'eſt un homme qui aime
l'humanité ; il a travaillé à l'alliance
de la Maiſon de Bourbon avec la
Maiſon d'Autriche, & à maintenir
la paix & la tranquillité dans les
Cours de l'Europe.—— Ce témoi-
gnage précieux pour le Cardinal
François, doit l'être encore à toute
la Nation, il annonce les deſſeins
pacifiques de l'Empereur fur la
France, & fa fatisfaction d'être
uni avec elle.

Il viſita l'Egliſe de Saint-Ignace,
& demanda au Général des Jé-
ſuites l'explication de cette phraſe
latine, *Ego vobis Romæ propitius*

ero, qu'il apperçut dans le vefti-
bule. Ces paroles, répondit le Jé-
fuite, ont été prononcées par Jé-
fus-Chrift à S. Ignace. —Voilà le
moment de lui demander qu'il ef-
fectue fa promeffe.— Il vifita les
maifons de campagne les plus a-
gréables de Rome; dans une de
ces courfes, il eût avec différens
Seigneurs des converfations inté-
reffantes fur les devoirs d'un Prince,
& fur les bornes qu'il devoit mettre
à fa libéralité. Les Italiens auroient
voulu le trouver plus magnifique;
mais (1) quand il eût déclaré qu'un
Roi n'eft que le dépofitaire du bien
de fes fujets, l'opinion changea,

_____

(1) Il eut été befoin de favoir qu'à la mort
de fon pere, il avoit ordonné qu'on remît dans
le tréfor public la fomme de quarante millions
de florins, dont il ne tenoit qu'à lui de faire
un autre ufage. Dès qu'il entend parler de
quelques malheureux, il leur envoie des fecours, il donne fouvent à fon valet-de-chambre
fa bourfe remplie d'or, toutes les fois que fon
fervice eft plus dur.

& on loua ce principe réfléchi d'é-
conomie. Le Prince Doria lui donna une assemblée magnifique dans
son Palais ; l'Ambassadeur de Ve-
nise l'invita à une fête où la société
ne fut point nombreuse ; l'Empereur fut content du choix qui avoit
été fait des personnes, & de l'attention que Son Excellence avoit
eue d'éviter la foule bruyante qu'il
n'aime point. *Votre République*,
dit-il à l'Ambassadeur, *est un
Gouvernement célèbre, puisque la
liberté, par l'inquisition d'état, y
conserve ses droits sans inconvé-
viens. & qu'il se maintient depuis
douze cens ans dans ses ancienne.
Loix —* On ne pouvoit resumer er
moins de mots la forme du Gouvernement Vénitien, & la sévérité
du Sénat, & l'avantage qu'il en ré
sulte pour cette République. S:
c'est ce coup-d'œil rapide & sûr
qui fait l'homme d'Etat, Joseph II
doit tenir une place distinguée par-

mi les Politiques; il penfe profon-
dément, il s'énonce avec précifion
& clarté. On doit confidérer ici que
c'eft un Empereur, & qu'il eft rare
de trouver ces connoiffances dans
les Souverains : des difcours qui
feroient communs dans la bouche
des particuliers, prennent de la
dignité, de l'importance, de l'intérêt lorfqu'ils font tenus par un
Roi ; tout ce qu'il fait, tout ce
qu'il dit importe à beaucoup de
monde; c'eft fous ce rapport qu'on
doit confidérer tout ce que je ci-
terai de Jofeph II. *Le Pape*, dit-il,
*a une armée de vingt-cinq à trente-
mille Moines dont il ne fait point
ufage, & dont cependant il pourroit
tirer un grand parti.* — Qu'on ne s'at-
tende point à des interprétations
malignes. Il eft certain que les
Moines à Rome ne font pas tout
le bien qu'ils pourroient y faire;
il eft vrai qu'il y en a beaucoup
trop; il eft vrai qu'on pourroit les

rendre plus utiles : c'eſt tout ce qu'a
voulu dire l'Empereur, dont le reſ-
pect pour les inſtitutions religieu-
ſes égale celui qu'il a pour la Religion. Le Prince Altieri eût l'honneur de le recevoir. En ſortant du
Palais de ce Prince, l'Empereur ſe
promena dans une calèche décou-
verte, pour que le peuple put le
voir a ſon aiſe. Le Duc de Brac-
ciano lui donna une ſuperbe aſſemblée & un bal. La ſalle où l'on
danſoit étoit décorée avec une
magnificence récherchée ; les autres appartemens étoient peu éclairés. C'eſt là que l'Empereur, qui
ne fait de la danſe que le cas qu'on
doit faire d'un paſſe-tems bien léger, ſe retira pour converſer avec
les Etrangers, les Ambaſſadeurs,
& ſur-tout M. *de Chevaloff.* Le 23
Mars il reçut M. le Prince de Lam-
beſc avec une bonté infinie, dans
une auberge où il ne voulut point
ſe faire connoître ; la reconnoiſ-

fance qui fut faite à Rome , eût
toute la vivacité du fentiment de
la part du Prince de Lambefc . &
toute l'affabilité de l'amitié du côté
de l'Empereur. Le 16 on illumina
pour lui toute la façade de Saint-
Pierre , le dôme & les portiques ; la
maniere avec laquelle cette Place
eft illuminée paroît extraordinaire.
Un nombre infini d'ouvriers porte
la lumiere par - tout; au premier
fignal plus de trois mille lampions
éclairent cette fuperbe façade. Le
lendemain, le Prince *Rofpoli* fit
élever fur les murailles de fon Hôtel un trône, fur lequel l'Empereur
affifta à une courfe de chevaux
barbes qui courent au milieu de la
grande rue entre une foule de
peuples & de carroffes avec une
vîteffe étonnante. Le même foir ,
le Prince *Corfini* lui donna une
fête fplendide ; le fouper fut de
fix cens convives diftribués en plufieurs tables, fervies avec ordre &

& magnificence; l'Empereur parla
à beaucoup d'étrangers, & de préférence aux François. C'eſt à un
homme de qualité de cette Nation,
qu'il dit, dans le cours d'une con-
verſation très-longue & très-ſuivie:
*Le Militaire eſt la force & le ſou-
tien de l'Etat , je ferai toujours ce
qui dependra de moi pour y maintenir l'ordre & la diſcipline ; je ne
ſuis point d'avis que chaque Officier monte aux grades ſupérieurs
par ſon âge & ſon rang : l'émulation diminue & s'affoiblit ; quand
un homme a du génie & des talens,
il faut l'avancer promptement , &
le faire connoître ; les récompenſes
accordées à propos font naître l'en-
couragement & forment les grands
hommes ; quand ils ſont véritablement reconnus pour tels , la jalou-
ſie ſe tait , & le vrai mérite ſur-
monte les obſtacles. J'ai fait raſ-
ſembler en Bohéme de petites armées qui ont fait toutes les évolutions*

lutions de guerre : ma premiere satisfaction a été de penser que je n'ai
point répandu de sang. Et ensuite il
ajouta : — *Le métier de régner est
plus difficile que l'on ne l'imagine ;
on ne peut satisfaire tout le monde,
& par conféquent il y a des mécontens ; il faut s'occuper de ses
devoirs qui font fans nombre, &
fouvent, quand on a cru les remplir, on voit qu'on a été trompé.
On eſt privé du premier bonheur
de la vie, celui d'avoir des amis.
Je n'ai cependant point à me plaindre fur cet article. J'ai une mere à
qui je dois tout, elle n'a jamais été
occupée que du bien de ſes ſujets
& de l'éducation de ſes enfans.
C'eſt une femme pleine de raiſon,
de ſageſſe & de vertu ; je ne lui
connois d'autre défaut que celui
de ne pas compter aſſez ſur elle-
même.*——

Des réflexions ſérieuſes naiſſent
naturellement de cette converſa-

tion qui peint ſi bien l'ame du Monarque ; d'abord on ne peut s'empêcher d'y admirer une juſteſſe rare
dans la maniere de ſe conduire pour
l'avancement des Officiers. Sans
doute il faut un ordre & une diſcipline dans les troupes ; mais c'eſt
un grand abus auſſi de décorer un
Officier inutile , & dont tout le
mérite a été de porter une uniforme pendant vingt-cinq ans , &
de donner à l'ancienneté du rang ,
ce qui n'eſt dû qu'à l'utilité du ſer-
vice. Il eſt des ſujets qui ne méritent rien après trente ans de travail : il en eſt qui dès les premieres
années doivent être diſtingués ;
tout accorder à ces derniers , &
tout refuſer aux premiers : c'eſt le
meilleur moyen d'entretenir l'émulation. L'Empereur l'a ſenti, & ſa
conduite eſt digne d'éloge. Il a
raſſemblé de petites armées, & ſa
premiere *ſatisfaction eſt de penſer
qu'il n'a point répandu de ſang.*

Qu'a dit de mieux Trajan? Marc-
Aurele a–t-il écrit rien d'auſſi con-
ſolant pour l'humanité? N'étoit-ce
point dire , les armées ſont néceſſaires , mais ce ſont des fléaux. Le
premier vœu de l'homme qui aime
ſes ſemblables , eſt d'en ſuſpendre
les ravages ; c'eſt le mien : *J'ai
une mere a qui je dois tout.* — Elle
eſt bien recompenſée de tant de
travaux ; elle a donné à ſes ſujets
un fils digne de faire chérir ſa mémoire. Son fils eſt reconnoiſſant ;
mais ce fils eſt équitable ; il a vu
la timidité de ſa mere , *elle n'oſe
compter aſſez ſur elle-même.*

Le 28 , le Cardinal Albani lui
donna dans ſa maiſon de campagne
une fête qui fut la plus agréable de
toutes. S. M. I. s'entretint avec le
Préſident *Hocquart* qui arrivoit de
Paris avec ſes enfans ; Elle parla en
homme inſtruit du Droit François
& du Droit Allemand ; Elle ſurprit
les auditeurs qui ne la croyoient

point auffi verfée dans ces matieres.
Il y eût le foir un bal mafqué chez
l'Ambaffadeur de Venife. Le 29,
l'Empereur partit à huit heures du
matin pour Naples.

Le Sonnet fuivant fut fait pour
l'Empereur, confidérant la Statue
Equeftre de Marc-Aurele au Capitole.

Signor, che miri in Campidiglio Augufto,
(Ben è degna di te, l'immago altera)
Ov'è colui ch'è generofo e quefto
Nel piu bel fior deg li anni al mundo impera :

Mira il deftrier che di metal verufto :
Spande dalle narici aura guerriera,
E follevato il piè d'al faffo angufto
Scender giacenti & foftenerfi fpera.

Par'che di al partir la moffa il fegno
Principia il moto an'fi dà moto al corfo,
Ne fa nè porre aver freno ne 'l fegno

Se piu lo miri ha gi a fpettato il morfo
E per dar luogo a principe fi degno.
L'anticho e roè fi fcotera dal dorfo. (1)

Traduction libre.

(1) Seigneur, qui regardez dans l'augufte
Capitole, (elle eft bien digne de vous, cette

Il eut été trop long & peut-être
inutile de fuivre l'Empereur dans
toutes fes courfes à Rome; il a vu
les chofes rares que cette Capitale
renferme; Tableaux, Mofaïques,
Palais, Eglifes, Statues, Pierres
précieufes, Monumens antiques,
Fouilles Romaines, il a tout vu en
connoiffeur & en amateur; il a entendu volontiers la bonne Mufique
d'Eglife; il a accueilli les Artiftes
qu'il y a vus, & qui ne font point
en grand nombre; il ne lui eft rien
arrivé de bien particulier dans fon
incognito, & il ne m'eft pas per-

---

grande image, où eft celui qui dans la fleur
de fes ans commandoit au monde : con-
fidérez ce courfier de métal antique : fes
narines répandent un fouffle guerrier, fon
pied eft foulevé, il femble vouloir def-
cendre, affuré de fe foutenir ; votre af-
pect l'émeut, le mouvement fe communique,
le frein ni la voix ne fauroient l'arrêter : un
coup-d'œil encore, Seigneur, & il part, & le
Héros Romain, pour vous céder la place, aban-
donne ce fuperbe animal.

D iij

mis de donn_ r de la publicité à ce
qu'on lui a prêté dans quelques
converfations.

Il arriva à Portici le 30 Mars à
onze heures du matin ; fon entre-
vue avec fa fœur, la Reine de Naples, fut très-tendre ; il refufa tous
les honneurs, & voulut continuer
l'incognito qu'il avoit gardé à
Rome. Le lendemain il parcourut
dans la matinée les antiquités des
environs ; la Cour donna un bal
paré, & pendant qu'on danfoit, il
converfa avec des Seigneurs étrangers. La multiplicité des Couvens
qu'on voit dans toute l'Italie, fut
le fujet d'une partie de fa converfation. Il condamna l'injuftice de
ces parens qui forcent leurs filles
cadettes à prendre l'habit de Religieufes, ce qui eft très-commun
en Italie. Il n'approuva point la
puiffance des Moines. Il vifita le
Couvent des Chartreux, entra dans
toutes les cellules, & accepta une

collation dans la falle du Prieur.
Le 4, il vit la ville de Pouzzol & les
antiquités des environs ; le lendemain il y eût bal dans la falle de
l'Opéra : c'eſt la plus belle qu'il y
ait en Italie. Six rangs de loges,
dont les fonds extérieurs ſont revêtus de gl..es, & toutes les friſes
dorées, formoient, par le reflet de
la lumiere, le coup-d'œil le plus
brillant. Le Peuple étoit féparé de
la Nobleſſe par une aluſtrade placée entre le pro-ſcenium & l'orcheſ-
tre. Le bal étoit toujours pour l'Empereur une occaſion de commen-
cer des converſations intéreſſantes.
Sur l'éducation, il eût encore lieu
de placer l'éloge de l'Impératrice.
— *Je ne prétens point me flatter
d'avoir profité de celle que j'ai reçu
d'elle ; mais on doit être bien touché & bien reconnoiſſant des peines qu'elle s'eſt donnée pour élever
elle-même ſes enfans d'une maniere ſi différente que ne le ſont*
D iv

ordinairement *les Princes.*— (1)
Enfuite fur le choix des fujets qu'on
éleve aux places, & où l'on trouve
les plus grands abus. — *Je trouve*
bien fingulier qu'on accorde les
places aux perfonnes qui appar-
tiennent à des femmes-de-cham-
bre, ou à des Officiers de notre
Cour. Il faut avancer ceux qui
méritent véritablement de l'être—.
Et fur les prétentions fouvent pouf-
fées trop loin des grands : —*Beau-*
coup de gens revêtus d'Ordres &

<hr/>

(1) Les difcours que je fais tenir a l'Empereur, font bien de lui : ils m'ont été rendus par
un témoin auriculaire & bien digne de foi : ce
témoin, homme de qualité, fe trouvoit alors
à Rome : fa naiffance & fon rang 'lappro-
choient de l'Empereur, qui lui a fouvent adreffé
la parole ; il ne m'a point permis de le nom-
mer, mais je dois dire de lui, qu'il eft à
Paris peu de perfonnes de qualité qui fachent
remplir les vuides du tems par desamufemens
auffi doux : les belles-lettres, la muſique, un
jardin, une fociété choifie, tels font les objets fur lefquels il aime à fe repofer ; & il n'en
faut pas davantage pour charmer les loifirs
du fage.

de Dignités , qui *souvent sont très-*
médiocres , *prétendent qu'on s'en*
occupe & qu'on leur parle. J'aime
mieux m'entretenir avec les gens
qui m'amusent , ou qui m'intéres-
sent , dans quelque état qu'ils se
trouvent. Le 6, on donna l'Opéra
Comique de l'*Idola Chinese* dans
la salle du Palais ; l'Empereur cau-
sa presque tout le rems de la re-
présentation avec la Reine (1). Il
visita le Vésuve , parcourut ce
mont à pied , & descendit à *Pom-*
peia. Il avoua que cette ville étoit
l'objet de curiosité qui l'avoit le
plus frappé. La veille il avoit dîné
dans un Vaisseau du Roi. *Si j'é-*
tois Roi de Naples , disoit-il, j'au-

---

(1) L'Archiduchesse Marie-Charlotte-Louise,
en épousant le Roi des Deux-Siciles, refusa le
don gratuit de vingt mille ducats que la ville
de Naples a coutume d'offrir à la nouvelle
épouse de son Souverain. Cette somme fut des-
tinée à marier deux cens jeunes filles de la
ville.

D v

*rois moins de troupes de terre, &
je m'occuperois entiérement de la
Marine.* La Marine feroit en effet
pour Naples une fource de nouvelles richeffes ; fa pofition eft très-
heureufe pour le Commerce, &
l'expofe à tous les coups des Puiffances Maririmes ; des Flottes lui
feroient bien utiles. On demandoit
à l'Empereur s'il n'étoit point fati-
gué de courir toute la journée, ou
de l'employer au travail fans fe
procurer du repos : —*Je ne brûle
point ma chandelle par les deux
bouts : c'eft ce qui me confervera.*—
Tous les voyages entrepris pour
l'agrément, n'ont que des plaifirs
paffagers : mais voyager pour s'inftruire, mais ne féjourner qu'autant qu'on trouve matiere à inftruction, c'eft être économe, c'eft
fe conferver : & tel eft l'Empereur.
Il eût de longues conférences avec
fa fœur, & il partit enfin pour Florence où il arriva le 18 Avril. C'eft

la ville où S. M. I. a fait la plus
longue réfidence. Elle fe fit conduire dans toutes les Loges des
Dames de la ville, & recommanda
expreffément au Comte de Ro-
femberg de n'en pas oublier une ;
Elle a voulu affifter aux couches de
la Grande Ducheffe, & être témoin
des commencemens de l'inocula-
tion du Grand Duc , auquel elle témoigna la plus vive tendreffe. Son
frere voulut , par refpect , fe tenir
debout devant lui , & lui offrir la
premiere place d'une Loge, l'Empereur après l'avoir prié vainement
de ne pas fe déranger , le prit par la
main & le fit affeoir : *Vous êtes
complimenteur avec un frere.* Il fe retira dans une Maifon de plaifance
du Grand Duc qui eft à un mille de
Florence ; il y menoit une vie privée, fortoit tous les matins à la
pointe du jour, à pied, avec un feul
domeftique, approchoit les payfans , caufoit avec les fermiers, en-

D vj

troit avec eux dans les détails de la
culture.

Le Grand Duc, frere de l'Empereur a mérité d'être cité à côté
de lui : depuis qu'il regne à Florence, (1) il a marqué fes jours
par des Loix fages , il a facilité le
commerce en abolissant la plupart
des taxes anciennes établies à l'entrée de la Toscane , fur les denrées
importées des Etats de la Maison

_____

(1) L'Empereur vouloit aller à Rome , il demanda des chevaux de poste; un Anglais les
avoit tous retenus ; l'Empereur le fit prier de
lui en céder quatre , le Milord refufa.— Eh
bien ! je ne partirai que demain matin quand
les chevaux feront de retour. A Rome il defcendit chez la Princesse *Justiniani* qui ne l'attendoit pas encore. — Vous m'auriez vu plutôt;
mais un Anglais qui avoit retenu tous les chevaux de poste n'a pas voulu s'arranger avec
moi.— Ah! Sire , dit le Milord qui se trouvoit
préfent, que je fuis humilié ! — Point du tout,
vous étiez fans doute preffé , je ne l'étois pas
comme vous voyez : d'ailleurs j'étois chez moi ,
il falloit bien que j'en fiffe les honneurs. Peu de
Souverains auroient eu cette douceur dans de
pareilles circonstances.

d'.Autriche ; (le tabac, le fel, le
fer exceptés) depuis long-tems les
droits de marque, de poids, de
mefure, nuifoient à la liberté du
Commerce intérieur des grains,
ainfi que l'afferviffement où étoient
les acheteurs de porter leurs bleds
& leurs olives à des moulins pri-
vilégiés. S. A. R. a anéanti ces priviléges fans en excepter ceux qui
font partie du tréfor Royal, il a
détruit en même tems les droits de
marque, &c... en laiffant aux ven-
deurs & aux acheteurs la liberté de
choifir. S. A. R. a délivré l'induftrie des ftatuts & des maîtrifes qui
la gênoient ; les Fabriques de foye
& de laine font dans un état florif-
fant depuis cette liberté: elle a aboli
par un Edit le droit d'immunité
ou d'afyle, dont jouiffoient les
lieux confacrés à la Religion ; ce
droit avoit trop long-tems fub-
fifté, il faifoit honte à une portion
d'hommes qui devroient rougir de

s'être oppofés à la volonté du Souverain; depuis quand le crime doit-il trouver un afyle au pied des Autels , tandis qu'il devroit y redouter un Dieu vengeur. S. A. R. a rendu aux cultivateurs la liberté de faire leurs récoltes quand & comme ils voudront ; elle a fupprimé divers impôts concernant les Communautés , & pour augmenter la population agricole , elle a ordonné qu'il feroit tiré du tréfor Ducal, une fomme de 120,000 liv. monnoie de Modène , pour être placée à intérêt à cinq pour cent, qui feroit partagée en dot à de pauvres filles de campagne , dans les cantons fur-tout où la population eft la plus rare , & où il y a moins de moyens de monter de petits ménages ruftiques. Les impofitions fur la vente & l'achat des beftiaux , font fupprimés ; une fociété de citoyens a fait frapper en l'honneur de S. A. R. une Mé-

daille où l'on voit d'un côté le portrait de S. A. R. au revers, la fi-
gure de l'abondance, qui d'une
main tient fa corne, & porte de
l'autre un flambeau avec lequel
elle met le feu à d'anciens recueils
de Loix prohibitives, avec cette
devife : *libertate frumentariâ refti-
tutâ opes auctæ*, & à l'exergue, *Prin-
cipi providentiffimo* avec l'année
où le Grand Duc a rendu la liberté au commerce des grains.
La Tofcane doit fa félicité à un
fils de Marie-Thérèfe, il étoit de
fa deftinée d'être la Bienfaitrice de
prefque la moitié de l'Europe, ou
par fes fils ou par fes filles: l'u-
nion du Grand Duc avec l'Empereur eft intime.

L'Empereur quitta Florence pour
aller voir Parme où il arriva le
5 Mai, il defcendit au Palais de
l'Infant, il l'embraffa avec amitié,
& fortit avec le Marquis de Félino,
connu à Paris fous le nom de Du-

tillot, pour fe rendre à l'auberge où il logeoit ; après s'être habillé , il revint dîner avec l'Infant : *je fuis venu exprés vous faire une vifite , car je retourne à Florence.* Il féjourna à Parme deux jours & demi , il y eut le premier jour un fpectacle de mufique , le lende- main il vifita la Bibliothéque , l'Académie , le Collége des No- bles , le grand théatre & tous les établiffemens faits par l'Infant ; il y eut le foir une grande affemblée où l'Empereur fe fit préfenter à toutes les Dames ; (1) mais ce qui dut le flatter beaucoup , ce fut un monument en marbre blanc , fous la forme d'un Autel antique , dé- dié à l'amitié , que l'Infant avoit

_____

(1) L'Empereur vifitant le grand théatre , rencontra un homme qu'on ne connoiffoit point , qui s'approcha des Princes & lia con- verfation avec eux , il répondit aux perfonnes qui avoient ordre de l'éloigner : *vado per non mettere la Diffenfione fra le due potenze.*

fait élever en mémoire de fon union avec l'Empereur.

Sa Majefté Impériale arriva à Turin le 11 Juin ; Elle renvoya fon Ecuyer & fes Chambellans à l'Hôtel de fon Miniftre, & defcendit feul au Palais du Duc de Chablais. —*Je vous tiens parole, comme vous voyez : c'eft à vous de me tenir la vôtre, en venant à Vienne, comme vous me l'avez promis.* Le Duc de Chablais la conduifit chez le Roi, qui la reçut au pied de l'efcalier. S. M. I. dit au Roi, en l'abordant: *Mon oncle, je defirois infiniment vous connoitre, pour apprendre le métier de regner fous un homme tel que vous, & profiter de vos leçons* (1) *traitez-moi, je vous prie, fans complimens, & permettez-moi d'être avec vous*

---

(1) C'étoit fans contredit au Roi de Sardaigne que l'Empereur pouvoit adreffer avec Juftice de tels propos.

comme de la famille. Elle paffa
enfuite chez le Duc de Savoie, &
chez les Princeffes ; le lendemain
12, il y eût appartement à la Cour.
Le 13, l'Empereur fit une vifite au
Prince de Carignan, & affifta à
une repréfentation d'Opéra. La
falle étoit illuminée avec magnificence : S. M. I. voulut aller dans
toutes les loges : Elle traita les Dames avec la plus grande politeffe,
& caufa long-tems avec Madame
Jofephine de Carignan. Le 14,
l'Empereur fut à la vigne de la
Reine, & s'appercevant que les
Dames de la Cour paroiffoient s'en-
nuyer, il les engagea à jouer à
des jeux, tels que le *Corbillon*,
Colin-Maillard, &c, &c, & par
fon ton, & par fes manieres af-
fables, il fit naître au milieu du
cercle la gaieté la plus charmante.
Ses plaifanteries étoient affaifon-
nées de beaucoup d'efprit & de la

plus grande faillie. On vit à Turin,
non fans un peu de furprife, que
l'Empereur, que le bienfaiteur de
fes États, que cet homme dont
l'extérieur eft fi modefte, eft en
même-tems enjoué, plaifant, a-
droit à varier la converfation, toujours à la portée de ceux avec qui il
parle , galant avec les Dames,
oubliant qu'il eft Empereur pour
n'ê-re occupé que du moment. Il
vifita les forterefses de Turin accompagné feulement des Ducs de
Savoie & de Chablais, & d'un
valet - de- chambre. Il a féjourné
huit jours , & a tout examiné ; il a
eu de longues conférences avec le
Roi , ils fe font féparés enchantés
l'un de l'autre , & s'eftimant tous
deux.

Dès qu'il fut arrivé à *Milan*, il
reprit les travaux de l'Empire ;
on publia, par fon ordre, qu'il don-
neroit audience tous les matins
pendant deux heures , & qu'il rece-

vroit toutes les requêtes qu'on vou-
droit lui préfenter. Il travailloit
toutes les après-dînée · avec les Miniftres. D'après les repréfentations
générales, il diminua de deux cens
mille florins les impôts qui fe per-
cevoient dans la Lombardie. Depuis que l'Archiduc Ferdinand fon
frere en eft Gouverneur, ce pays
s'améliore de jour en jour. L'im-
mortel ouvrage de Fénélon, ce
Télémaque, rempli de tant de fages inftructions, & que tous les
Rois devroient avoir toujours ou-
vert au chapitre de *Salente*, eft,
dit-on, le Manuel de ce Prince.
Tout le tems qu'il a demeuré à
Vienne, jamais il n'a refufé fa protection à ceux qui la demandoient ;
il obligeoit avec le plus fenfible
plaifir ; la veille de fon départ de
Vienne on préparoit des fêtes :
— *Ma mere, en voilà trop. Ces*
fêtes...ces illuminations, cela coûte
tant ; & puis, fi c'eft un plaifir, il

est si-tôt évanoui....Je sais quel est l'emploi qu'on pourroit faire de cet argent... si vous vouliez...... L'Impératrice lui remit une somme considérable, il courut la distribuer aux plus indigens, & revint, la larme à l'œil, embrasser sa mere, en lui disant : *Ah ! maman, que n'étiez-vous présen à ma fête !* La Province lui fit un don gratuit de douze cens mille livres, à l'occasion de son mariage avec la Princesse de Modene; Son Altesse Royale ne le reçut que pour l'employer à des travaux d'une utilité publique. Elle abolit entiérement l'Inquisition; Elle réforma une loi qui privoit de la succession de ses parens, toute femme mariée hors de la Province; mais ce qui caractérise mieux sa bonté, c'est le jour d'audience fixé au mercredi de chaque semaine, & l'heure à laquelle S. A. R. la donne: l'hiver, c'est à six heures & demie du matin, & l'été, d'abord après

le lever du foleil. La moitié du
monde regardera fans doute ces
heures d'audience un peu trop ma-
tinales ; & je ne ferai point d'injuftice à perfonne , quand j'affurerai
qu'il y a peu de Miniftres que l'a-
mour du bien public réveille de fi
bonne heure ; l'Empereur eft toujours levé de grand matin , mais
il fe montre plus tard en public ;
le Roi de Pruffe emploie comme
lui fes longues matinées à travailler feul dans fon cabinet.

L'Empereur ayant achevé heureufement fon voyage d'Italie , fut
reçu avec acclamation à Vienne , &
trouva dans la tendreffe de fa mere
ces confolations dout l'abfence l'a-
voit privé (1). Il reprit fes occupa-

_____

(1) L'Empereur a toujours été vêtu pendant
fon voyage en Italie , d'un habit uniforme tout
uni , fans ordre ni diftinction ; fa phyfionomie ,
a dit un homme de qualité , eft fiere &
fpirituelle ; fon air eft férieux & impofant : fes
yeux ont de la fierté & de la douceur , fon

tions journalieres, & multiplia à l'infini ces actes de bienfaifance qu'on
a eu foin de recueillir , & qu'on lit
avec tant de plaifir. Le malheur
des tems vint émouvoir fa fenfibilité. La difette fe fit fentir dans
la Bohême : on manqua de bled
pendant deux jours. La populace
couroit les rues en demandant du
pain ; les vols, les meurtres, fui-
tes inévitables de la famine, portoient le défordre à fon comble.
Les plaintes, les reclamations
étoient accueillies aux pieds du trône : mais les ordres donnés pour
appaifer ces troubles étoient fans
exécution. L'Empereur part en di-
ligence fe tranfporte fur les lieux,
interroge tous ceux qui peuvent

___

fonrire eft agréable ; il fe préfente avec grace :
fa contenance n'eft jamais embarraffée ; il parle
Italien , François , & poffede la langue-latine :
il eft très inftruit; mais moins dans ce qu'on
appelle la belle littérature , que dans les arts
utiles.

l'inftruire ; il entre dans la cabane
du payfan , le queftionne, l'écoute,
& apprend de cet homme fimple ,
mais dont le bon fens eft droit, d'où
proviennent tous les fléaux. Il in-
flige des peines aux coupables, il
fait venir des grains ; deux millions
fagement diftribués fous fes yeux
appaifent tant de maux ; il en eût
coûté le triple s'il s'en fut rapporté
à des fubalternes , & ils auroient
fait des mécontens : l'œil du maître
fit des prodiges. Pendant le féjour
qu'il fit à Prague , il ne voulut jamais aller au fpectacle : — *J'ai trop
d'affaires pour perdre mon tems à
m'amufer.* Il admettoit à fa table
tous ceux qui s'acquittoient de leurs
devoirs , & la plupart de ceux qui
venoient lui préfenter des requêtes ; le nombre des convives fut
un jour fi grand , qu'on lui repré-
fenta qu'il manquoit de vaiffelle.
— *Qu'importe ; on trouvera ici
fuffifamment d'étain.....* Ces Mef-
fieurs

fieurs voudront bien excufer un
voyageur—. Les Juifs avoient la
plupart des impôts en ferme ; l'Empereur ordonna que toutes les impofitions feroient mifes en régie,
& fit défenfes d'y employer des
Juifs. Ecoutons pour un fecond
voyage le Nouvellifte du tems.
--L'Empereur eft arrivé à Triefte,
accompagné des Généraux Collo-
rede, Siskouvik, Noftiz & fon
Grand Ecuyer ; la difficulté des
routes, les montagnes qu'il falloit
gravir n'ont point arrêté ce Monarque. Il étoit fouvent obligé de
marcher à pied. Il s'eft montré par-
tout laborieux, frugal, dur à lui-
même, & en même-tems doux &
compatiffant envers les peuples fur
lefquels il répandoit les marques de
fa bienfaifance. Il a vifité foigneu-
fement les Hôpitaux, il eft entré
dans les moindres détails, les lits
des foldats & des pauvres, leur
nourriture, leurs traitemens ont

E

été les objets de fon attention, les endroits où font enchaînés les forçats, ceux où les infenfés font renfermés, ne lui ont point, paru indignes de fa préfence; l'humanité l'y a entraîné, la fenfibilité lui a fait abréger de moitié le tems de la captivité des uns, & verfer des bienfaits fur ies autres. Le fafte ne le fuivoit point dans fon voyage; logé à l'auberge, fa porte n'étoit fermée à perfonne de ceux qui avoient des graces à lui demander, le feul ordre qu'il ait donné étoit de les introduire fans délai.

La feule différence qu'on ait pu remarquer entre Jofeph II dans fes Ftats, & M. le Comte de Falkenftein à Paris, c'eft qu'il a oublié ici qu'il étoit Empereur, qu'il n'a admis perfonne chez lui, & qu'il a refufé de lire les Poéfies que des Ecrivains ont cru devoir lui offrir. Je vais tranfcrire celles qui méritent d'être accueillies.

Vers à l'Empereur.

Ce que vous refufez d'honneurs,
Et d'éclat & de gloire,
Sera configné dans nos cœurs,
Bien mieux que dans l'hiftoire.

Les Voyages de Jupiter, Fable.

Autrefois le Maître des Dieux,
Quittant fon aigle & fon tonnerre
Et l'appareil brillant des Cieux,
Sous de fimples dehors defcendit fur la terre,
Il étoit las des fuprêmes honneurs,
Des rayons importuns dont fon olympe éclate,
Et dépouillant les titres que l'on flatte,
Il vouloit refpirer le pur encens des cœurs;
Projet digne d'un Dieu! Celui-ci pour exemple
Se propofoit aux autres immortels.
Il vient par des bienfaits conquérir des Autels,
Le Ciel fut fa prifon & la terre eft fon temple.
Sous de ruftiques toits entrant avec bonté,
S'il y furprend la timide indigence,
Il appelle l'humanité
Pour que fa main prodig e y verfe l'abondance,
Et chaque fois que le pauvre enchanté
Pleure de Joie en fa préfence,
C'eft alors qu'en fecret il bénit fa puiffance.

E ij

C'est alors qu'il jouit de sa Divinité.

Dans ses courses trop passageres,
Il s'aggrandit encor par l'oubli de ses droits,
Aimant, faisant le bien, l'inspirant à la fois,
Protégeant les pasteurs & dotant les bergeres :
J'entends quelques censeurs & des Rois & des
   Dieux
Se récrier : cc n'est que dans les fables
Que les tristes mortels sont fortunés par eux ;
Plus les rêves sont beaux, & moins ils sont
   croyables ;
Le cœur me dit pourtant que cet emblême
   heureux
Doit nous charmer un jour sous des traits
   véritables,
Et je compte, en dépit de ces censeurs fâcheux, (1)
Sur des Dieux très-humains & des Rois très-
   aimables.

Vers à l'Empereur.

Sans l'appareil de la grandeur,
Nous aimons à voir la splendeur
Des vertus qu'en vous on renomme,

---

(1) Cette fable de M. Dorat est, de toutes
les poéfies qu'on a préfentées, la plus ingénieuse :
la louange n'y est point directe & n'en est que
plus fine & mieux reçue.

Et plus vous cachez l'Empereur,
Plus vous faites admirer l'homme.
Un peuple aimable & doux, peut-être un peu
léger....
Mais aimant l'honneur & son maître,
Epris du vrai mérite & sachant le juger,
Vous voit d'autant plus grand que vous voulez
moins l'être.
Ah! Soyez toujours notre ami,
Que de l'aigle & des lys, pour le bien de la
terre,
™ ·· resserre le nœud par l'amour affermi:
France, à jamais des fruits d'une union si chere,
Puisses-tu goûter la douceur!
Et ne jamais avoir en adorant la sœur,
Qu'à former des vœux pour le frere. (1)

Vers à l'Empereur.

De vos propres sujets n'avez vous point assez,
Voulez-vous donc régner sur tout ce qui respire?
Gagner ainsi les cœurs par tout où vous passez,
Des Princes vos voisins, c'est usurper l'Empire,
Mille vertus vous font chérir,

(1) Ces Vers sont de M. Saurin, de l'Académie
Françoise.

E iij

Des bienfaits font les Loix que votre cœur
impofe : (1)

Et voyager & conquérir,
Eft pour vous même chofe. (2)

M. le Comte de Falkenftein eft arrivé à Paris le 18 Avril 1777;

---

(1) Ces jolis Vers ont été attribués à une Dame qui a fans doute beaucoup d'efprit, puifqu'on lui en a fait honneur ; ils font cependant de M. *le Grand.*

(2) Je renvoie les amateurs de Poéfies à l'ouvrage de M. du Coudray; ils y trouveront tout ce qui a été dit à l'occafion de l'Empereur dans prefque toutes les langues, foit en vers, foit en difcours, foit en dialogues. Je crois cependant qu'on en peut dire ce qu'un Gafcon en dit à l'Empereur dans les Vers fuivans :

Monarque vraiment grand, Prince vraiment
fublime !
Vous acceptez la Profe & rejettez les Vers ;
Seroit-ce, Cadédis ! par mépris pour la rime ?
Acceptez les écrits des Poëtes divers,
Ne craignez pas au moins que je vous en impofe,
Et Votre Majefté n'aura que de la Profe.
On doit diftinguer une Idille Grecque qui n'eft pas fans mérite, des vers de Madame Guibert adreffés à M. du Coudray m'ont paru finir heureufement :

. . . .

Cependant je l'ai vu cet aimable Empereur,

. . . .

il eft defcendu à l'hôtel du Comte
de Mercy fon Ambaffadeur à Verfailles. Il étoit accompagné par
MM. de Colloredo, de Cobenzel,
de Belgiojefo. Le vendredi 19, il
a été préfenté par la Reine à Sa
Majefté, à Monfieur, frere du
Roi, à Monfeigneur le Comte
d'Artois; à Madame; à Madame
la Comteffe d'Artois; Madame
Elizabeth, Mefdames, tantes du
Roi: il a vifité les Princes du Sang
& enfuite les Miniftres (1); il

Et de le célébrer je n'aurai point l'audace ;
Je m'en vais renfermer tous mes vœux dans
mon cœur,
Mais comment faut-il donc que mon pauvre
cœur faffe ?

(1) L'Empereur a vifité les Dames de qualité
ci nommées, & celles chez qui il a paffé des
foirées font marquées par la lettre S.

Mefdames

Louife, Carmélite, tante du Roi.	La Ducheffe de Val- liere,
La Ducheffe de Char- tres, S.	La Princeffe de Mar- fan,
La Princeffe de Conti.	La Princeffe de Bouil- lon.
La Comteffe de Bur- quoi.	Necker, S.

E iv

s'eſt fait inſcrire chez les Seigneurs de la premiere qualité, &
s'eſt préſenté lui-même aux Dames
à qui il a tenu des diſcours qui ra-
menoient avec eſprit, ou des éloges généraux pour leur famille, ou
des choſes agréables pour elles. On
ſe rappelle avec quel courage Meſ-
dames ont ſervi Louis XV dans
ſa derniere maladie : l'Empereur

Blondel, S.

Comteſſe de Bentbein.

Joffrin.

Comteſſe de Viri.

La Ducheſſe de Bour-
bon, S.

La Comt. de BrionneS.

La Maréch. de Mouchi.

Duche. du Chatelet, S.

Ducheſſe de Praſlin.

Ducheſſe Danville, S.

Ducheſſe de Duras.

Ducheſſe de Coſſé, S.

Comt. de Matignon.

Comteſſe Jules de Po-
lignac.

En revenant de la Machine de Marly, l'Empereur a viſité le charmant Pavillon de *Lucienne*
où étoit Madame la Comteſſe *du Barry*. S. M. I.
a vu la maiſon de Mademoiſelle *Guimard*,
Danſeuſe de l'Opéra.

L'Empereur a viſité M. le *Prince de Condé* à
Chantilly, M. le Duc *de Penthievre* à Sceaux ;
le Lord *Stormont*, Ambaſſadeur d'Angleterre,
l'aſſemblée des Ambaſſadeurs, le Prince de
Paar, le Comte *d'Aranda*, S. le Général *Loch*,
M. *Necker*, S. le Maréchal *de Biron*.

les affura combien il étoit pénétré de leur conduite. —*Le facrifice généreux de votre propre vie pour conferver la fienne, eft un trait du plus grand héroïfme, il ne s'effacera jamais de ma mémoire*—. Il eft lui-même fi bon fils! Il avoit déja donné l'exemple. A Vienne, Jofeph I I n'eft que le premier Courtifan de fa mere. On étoit étonné de le voir à l'œil de bœuf fe confondre dans la foule en attendant le lever du Roi. —*Je fuis accoutumé*, répondoit-il, *à faire ma cour à ma mere*—. Il affifta au dîner public du Roi, comme un particulier, debout derriere le fauteuil ; il demandoit avec empreffement d'être préfenté à tous les Seigneurs de diftinction à mefure qu'ils venoient chez le Roi, ce qui procura cet honneur à M. le Prince de Liftenois, Vice-Amiral de France. Il parloit avec bonté à ceux qui l'approchoient. —*Mais couvrez-vous*

E v

—*Vous me gênez.* --*Je ne le per-
mettrai point.* —*Remettez-vous.*
—*Parlons—.* Il viſite le Pont de
Neuilly; il eſt reconnu, on accourt:
le ſoleil étoit ardent, il ſe retourne,
il ne voit que des têtes découvertes, il en paroit ſurpris; lui-même
il tire ſon chapeau, & après une
pauſe, il dit aux aſſiſtans : *Meſ-
ſieurs, couvrons-nous, le ſoleil eſt
trop fort.*

L'Empereur a logé dans un hôtel garni (1) ; ce logement conve-
noit mieux que tout autre à la
liberté dont il vouloit jouir. Le
Duc de Virtemberg n'a du qu'à
une ſupercherie bien ingénieuſe,
& non moins délicate, l'honneur
que S. M. I. lui a fait de deſcendre à ſon Palais. Ce Duc inſ-

_____

(1) L'Hôtel de Tréville rue de Tournon, F.
B. S. G. D'après la permiſſion de S. M. I. le
Proprié aire a fait mettre en inſcription ſur ſa
porte : *Hotel de l'Empereur Joſeph II*, année
1777.

truit des intentions de l'Empereur,
au premier bruit de son arrivée fit
fermer toutes les auberges, & mit
à son Palais cet écriteau: *Hôtel Im-
périal.* Un Prince d'Allemagne a
dû, dit-on, à la même adreſſe,
l'honneur de recevoir S. M. I.; il
s'étoit fait lui-même Chef de cui-
ſine, & au départ de l'Empereur,
il ſe déguiſa en poſtillon, & le me-
na, avec ſes propres relais, deux
poſtes, avec la plus grande vîteſſe.
M. de la Luzerne, Ambaſſadeur à
Munich, ayant fait demander à
l'Empereur à quelle heure il per-
mettroit à Son Excellence de lui
rendre viſite. —*Ces égards,* répon-
dit-il, *ſont dûs à l'Empereur, mais
c'eſt à M. le Comte de Falkenſtein
à prévenir M. l'Ambaſſadeur de
France—.* Ce trait ſuffit pour annoncer la rigueur de l'incognito
que S. M. I. a gardé. Ce traveſtiſ-
ſement lui coûtoit peu; l'Europe
ſait depuis long-tems qu'il ne veut

E vj

paroître Empereur que le moins
qu'il lui est possible. — *Vous ne me
verriez pas plus brillant à Vienne
qu'à Versailles, hors dix ou douze
fois l'année que je suis forcé de
faire l'Empereur*, répondoit-il à un
Seigneur François, qui, sans son
âge, eût été lui faire sa Cour à
Vienne. Cette modestie aimable
& touchante seroit une vertu
dans un homme obscur ; combien
elle ajoute à la dignité d'un Souverain qui dépouille la splendeur du
rang pour pouvoir se rapprocher
de ses sujets. J'aurois mille traits
de bienfaisance à citer, dont son incognito a fait naître l'occasion,
& que le Monarque n'eût jamais
eu la douceur de faire, parce qu'il
est bien difficile d'arriver jusqu'à
lui. Jamais application plus juste
que celle qui fût faite à la repré-
sentation d'Œdipe, de *Laïus* à Joseph II.

Ce Roi plus grand que fa fortune ;
Dédaignoit comme vous une pompe importune;
On ne voyoit jamais marcher devant fon char
D'un bataillon nombreux le faftueux rempart ;
Au milieu des fujets foumis à fa puiffance ,
Comme il étoit fans crainte, il marchoit fans
   défenfe.
Par l'amour de fon peuple il fe croyoit gardé.

La falle retentit du bruit des acclamations; tous les yeux étoient fixés fur lui. Cette louange n'étoit
point intéreffée , elle n'avoit point
paffé par la filiere du courtifan ; un
peuple entier, cette claffe d'hommes qui n'a que de la fenfibilité
pour éloquence & pour intérêt ,
le plaifir qu'il trouve à honorer les
vertus; c'eft ce peuple qui des bas-
fonds du parterre a fait partir des
applaudiffemens qui ont entraîné
toute l'affemblée. Ecoutons cette
femme chargée par fes compagnes
de haranguer S. M. I. elle porte
la main fur l'habit du Prince, le
baife & s'écrie : *Heureux les Peu-*

ples, Monseigneur le Comte, qui payent les galons de vos habits ! De pareils hommages dédommagent bien de la privation de l'éthiquete royale. Les serviles respects qu'elle entraîne n'ont jamais cette douceur que communique dans l'ame d'un Souverain sensible, l'expression vive & franche du sentiment exalté. Rois, voilà un modele... Quel frein pour les Ministres qui savent que leur maître est accessible, & que' la vérité peut à tout instant en être entendue !

Il est difficile d'être un Héros aux yeux de son valet-de-chambre, a dit une Dame de beaucoup d'esprit : elle avoit raison. Ces Grands qu'on ne voit que sur un piedestal, paroissent au-dessus de la structure commune; vus hors du point d'optique, ils ne font plus que nos égaux. Joseph II n'a point voulu s'assujettir à une enflure de convention qui rend le Monarque

si inégal, si différent de lui-même.
d'un moment à l'autre. *Henri IV*
(répondit l'Empereur à ceux qui
lui faisoient observer que sa Statue
sur le Pont-Neuf étoit au milieu
du peuple) *savoit bien se placer;*
& Joseph II ne sait pas moins bien
ce qu'un Roi doit être. Il sait qu'il
est homme & qu'il commande à
des hommes. Quand il vouloit envoyer un Courier à Vienne, il pré-
venoit les gens de sa suite, qu'ils
eussent à lui apporter leurs lettres
pour les faire partir sous son en-
veloppe : un d'entr'eux n'écrivoit
point. —*Pourquoi n'écris-tu pas?
N'as-tu rien a envoyer à ta femme?*— *Si fait, M. le Comte, mais
je n'ai point de papier, & le Courier va partir.* —*Voilà du papier :
va-t-en écrire, le Courier atten-
dra : dépêche-toi.* —Ce trait de popularité est unique peut-être dans
un Roi; en voici un autre qui peint
plus en grand l'homme estimable.

Des Seigneurs de la Cour de
Vienne fe plaignirent de ce que
le petit peuple fe mêloit avec eux
dans les promenades publiques.
Ils fupplierent S. M. I. de faire
fermer le *Prater* , & d'ordonner
que l'entrée n'en fût permife qu'à
des perfonnes de qualité. L'Empereur , furpris de cette demande ,
leur répondit : *Si je ne voulois voir*
que mes égaux , il faudroit que je
m'enfermaffe dans les caveaux des
Capucins où repofent les cendres de
mes ancêtres. J'aime les hommes fans
diftinction , & je préfere ceux qui
ont de la vertu & des talens , à ceux
dont tout le mérite eft de compter des
Princes parmi leurs ayeux. J'aime
les hommes fans diftinction ; réponfe fublime dans la bouche d'un
Souverain qui a des peuples à conduire. Il feroit à fouhaiter qu'elle
devînt une maxime commune à
tous les maîtres du monde. Ce
n'étoit point au Prince qui parloit

de la forte qu'on devoit dire, lorfqu'il traverfoit le Louvre, & qu'il
parut furpris d'entendre le tambour
battre, c'eft pour écarter la foule.
— *Oh ! je faurai bien paffer fans
cela* —. Ce n'étoit point la premiere
fois qu'il s'étoit trouvé au milieu
de fon peuple fans en être incom-
modé. Henri IV répondit à l'Ambaffadeur d'Efpagne qui paroiffoit
étonné de voir le peuple fi près du
Souverain : *Ce n'eft rien, M. l'Ambaffadeur, dans un jour de combat
ils me ferrent bien davantage.*

La Reine vouloit célébrer le féjour de fon frere en France par des
Fêtes dignes de la magnificence de
la Cour de nos Rois : mais ce
n'étoient ni des bals, ni des tournois, ni tous ces fpectacles auffi
coûteux que frivoles qui pouvoient
l'intéreffer. Trop accoutumé à ap-
précier les plaifirs de la repréfentation, qui ne font bien fouvent
qu'un ennui faftueux & la fauffe

monnoie de la grandeur royale.
L'Empereur remercia bien fin-
cérement S. M. des foupers en petit couvert , où la famille feule
étoit réunie; la concorde, la gaieté,
c'eft tout ce qu'il a cru devoir pré-
férer. Il n'a jamais voulu accepter
un fauteuil. -- *Sire, dans mes voyages vous devez bien penfer que je
ne trouve pas des fauteuils. Ce
fiege me géneroit : un pliant me
fuffit--*. Eh bien , qu'on me donne
auffi un pliant , répondit le Roi ,
La Reine voulut encore un pliant,
& le dîner fut auffi bon avec trois
pliants qu'avec trois fauteuils.
L'Empereur difoit vrai; il y a plus:
& l'on aura peine à croire que fa
couche n'eft qu'une peau de cerf
étendue fur le plancher , & un peu
de paille fraîche dont il eft jonché
tous les foirs , & fur laquelle on
place un drap. L'Hiftoire offre peu
d'exemple femblable parmi les
Souverains. Il n'en eft point qui

ait porté jufqu'a ce point la haine contre la molleffe, ce vice des ames foibles. Peu de particuliers auroient le courage de faire de pareils facrifices ; quelle leçon effrayante pour nos voluptueux. Qui de nous ofera fe plaindre? Ne craindra-t-on point qu'une voix s'éleve & nous dife : « Qui êtesvous, pour ofer vous fervir de la foie & de l'édredon ? Regardez vos égaux, plus utiles que vous ; ils dorment, & ils n'ont que le plancher pour lit , & une pierre pour chevet ; regardez le Souverain de l'Allemagne, une peau de cerf & de la paille, voilà fon lit ».

L'Opéra de Caftor & Pollux a été repréfenté pour lui dans la fuperbe falle de Verfailles. Ce fpectacle étoit néceffaire, aujourd'hui que l'Opéra eft abandonné à des Muficiens étrangers. Il falloit que M. le Comte pût juger du mérite de

notre Mufique nationale, qui, fous
la lyre de *Rameau* (1) peut rappeller
encore ces tems où *Linus* chantoit
les Vers d'*Orphée*. M. le Comte
fut aufli fatisfait de la Mufique,
que du Poëme & de la pompe du
Spectacle. Il parut plus content
des talens des Demoifelles *Allard*,
Guimard, *Peflin*, &c ; que des
chanteurs. La demoifelle *Arnould*
qui joua le rôle de *Thélaïre* fit les
plus grands efforts, & fe furpaffa :
fa voix étonna, & fait regretter
qu'elle ait le defir de quitter le

---

(1) Rameau donna l'idée dans fes Monolo-
gues de *Dardanus* & *de Caftor*, d'un récitatif
parhétique; il approcha plus que *Lully* des accens
de la Tragédie, il compofa des chœurs fubli-
mes, il déploya toute la fécondité d'un génie,
créateur dans fes airs de danfe, & par l'iné-
puifable variété des caracteres qui la diftin-
guent, par l'heureux choix des traits qui les
compofent, des mouvemens qui les animent,
par le mélange & le dialogue des inftrumens
qu'il y employoit, il s'eft fait en ce genre une
réputation qu'on aura peine à effacer. *Effai fur
la Mufique.*

Théâtre où sa jeunesse sembloit
promettre une plus longue durée.
Puisse cet Actrice remplie d'esprit,
& qui sembloit avoir pris Ninon
pour modele, prolonger, comme
elle, sa carriere.

Dans les Fêtes particulieres de
Trianon & de Choisi, S. M. I. a
daigné faire connoître aux princi-
paux Acteurs le cas qu'Elle faisoit
de leurs talens. Aucun spectacle n'a
pu offrir une variété si piquante,
un choix aussi exquis de Poëmes,
de Ballets, d'Acteurs & de Dan-
seurs (1),

_____

(1) L'Empereur a dîné avec la Reine le 13
Mai au *Petit Trianon*, où S. M. lui a donné
des petites fêtes. L'Empereur s'est promené
l'après-dîné dans les bosquets ; des jeunes Acteurs avoient été placés çà & là, & arrêtoient
S. M. I. par des impromptus analogues à la fête,
& très-piquans. Cette espece de spectacle étoit
ingénieux, & on ne pouvoit s'y prendre plus
adroitement pour louer avec délicatesse. *Noverre*
avoit ordonné tous les Ballets, les mêmes jeux
ont été répétés à Choisy où il y a eu des spectacles plus suivis, & où les Acteurs François se
sont piqués d'émulation.

L'Empereur a accompagné le
Roi à fa Revue dans la plaine des
Sablons; il étoit en uniforme verd:
il a été fatisfait de la beauté des
deux Régimens. Avant la réforme
de la Maifon du Roi, il eût pu
voir aux environs de Marly une
armée d'élite, auffi belle au coup-
d'œil par la richeffe des uniformes,
par la taille des chevaux, que par
la jeuneffe des Corps; Moufquetai-
res, Chevaux - Légers, Gendar-
mes, Carabiniers, Grenadiers de
France, Gardes du Corps, qui tous
compofoient environ douze mille
hommes.

Le Régiment des Gardes-Fran-
çoifes a répété, après la Revue,
fes Evolutions au Champ de Mars.
L'Empereur y affiftoit, & fa préfence attiroit un concours prodi-
gieux de perfonnes. Les Seigneurs
& les Dames s'y rendoient dans
le plus fimple négligé. C'étoit un
fpectacle nouveau, & bien propre

à aiguillonner une troupe de braves foldats. Peut-être nos femmes
affiftent-elles trop rarement à ces
exercices militaires ; qui ne connoît
leur empire ? & que ne feroient
point les François pour la gloire &
pour l'amour ?

Il n'eft point de François que l'amour aviliffe.
Amans, aimés, heureux, ils cherchent les
combats.

La curiofité de voir ce corps
de foldats n'étoit pas tout-à-fait ce
qui amenoit l'Empereur ; il recher-
choit nos Officiers - Généraux ; il
vouloit les connoître, les entendre,
recueillir ces à-propos que des évc-
lutions guerrieres amenent naturellement. Il a vifité ceux qui
étoient connus ; il a fait l'honneur
à M. *le Comte de Broglie* de manger chez lui. Placé entre Madame
de Brionne & le Maréchal, il con-
verfoit avec ce dernier ; mais toujours interrompu par des Dames

qui l'interrogeoient, il leur dit enfin
avec grace : *Mille pardons, Mef-*
dames, je ne puis en même tems
caufer & parler. Des interrogations
à peu près auffi preffantes, dans
une autre circonftance, le mirent
dans la néceffité de faire une réponfe qui décéla l'homme réfléchi,
qui n'aventuroit rien. Les troubles
de la Grande-Bretagne avec les
Colonies étoient en queftion ; les
opinions étoient diverfes..... *Eh*
bien, M. le Comte, que penfez-vous
de ces querelles ? --Mon métier, à
moi ; c'eft d'être Royalifte.

M. le Comte vifite l'Hôtel-
Dieu : il parvient aux falles des
femmes enceintes ; il entend des
cris, il en eft déchiré ; il s'adreffe
au cortege des filles de charité, &
lui dit : *Mes Sœurs, vous ne regret-*
tez pas, fans doute, le vœu de vir-
gnité que vous avez fait. Pouvoit-
il dire autrement, dans ces momens,
où des malheureufes payoient fi
cher

cher un inſtant de ſoibleſſe! Non,
ſans doute, ces vierges n'oſent ſe
repentir d'être chaſtes au milieu des
cris & des ſouffrances de tant d'in-
fortunées. Ce propos n'a rien de
dur, & fut-il une plaiſanterie,
l'Empereur a pu ſe le permettre (1).
Cette anecdote laiſſe, il eſt vrai,
des idées un peu triſtes; on ne
peut s'empêcher de plaindre un
ſexe ſi foible d'être condamné par
la Nature à la plus cruelle des peines. Par où a-t-il mérité ſur nous
la pénible préférence de porter un
fardeau qui n'eſt rejetté qu'avec
les plus grands dangers. L'Empereur fit un préſent à l'Hôtel-Dieu

___

(1) S: M. I. a viſité la maiſon & le jardin du
ſieur *Beaujon*; les deſſins des Ponts & Chauſſées
chez M. *de Trudaine*; la maiſon de M. *de Sainte-
Foi*, à Neuilly; *Comus*; *Loriot*; *Berthoud*, Hor-
loger de la Marine; la maiſon du ſieur *Demon-
ville*; M. *de Vaucanſon*; *Robert*, Peintre du
Roi; le cabinet de M. *Combe de Baudouin*;
S. M. I. a entretenu dans le cabinet de ſon Ambaſſadeur, M. *Bertier de Sauvigny*, pendant une
heure.

F

de dix mille francs. Il parut étonné
de voir dans un même lit plufieurs
malades, qui, par là, font expofés
à contracter des maladies plus
dangéreufes que celles qui les a-
menent dans cet hofpice. Il eſt
d'autant plus étonnant d'avoir à fe
plaindre de cette négligence à Paris, qu'on y fait mieux que par-
tout ailleurs, combien d'inconvé-
niens il en réfulte. Dans le même
tems on démontroit à l'Académie
des Sciences les caufes de la cor-
ruption de l'air par la refpiration.
C'étoit le 10 Mai, M. le Comte
affiſtoit à cette féance. M. *Lavoifier* lut un Mémoire fur les moyens
de ramener l'air vicié, foit par la
refpiration des hommes, ou des
animaux, foit par telle autre caufe
que ce foit, à l'état refpirable. Il
démontra que la refpiration des
hommes & des animaux avoit la
propriété de convertir en air fixe
la portion falubre de l'air, de forte
que dans les falles de fpectacle il

existe deux especes d'air nuisibles;
savoir, la partie nuisible propre à
l'air & qui entre dans sa composi-
tion , & la portion d'air fixe qui
s'est formée par l'effet de la respi-
ration. M. *Lavoisier* a démontré
qu'il existe dans ces salles trois
couches d'air très distinctes ; la su-
périeure qui est la plus nuisible ,
la moyenne qui est la plus respira-
ble, l'inférieure qui contient une
quantité d'air fixe. M. *Roi* lut un
Mémoire sur la construction des
Hôpitaux. MM. *de Montigny*, *de*
Vandermonde , *Bezout*, firent le
rapport d'une éprouvete qui a été
construite à l'Arsénal de Paris ,
d'après les ordres du Ministre ,
suivant la méthode du Chevalier
d'Arcy. Ce Chevalier présenta
deux fusils de son invention , par
le moyen desquels le soldat peut
tirer sûrement un grand nombre
de coups en un tems donné & porter plus loin la balle. Ces fusils ont

F ij

l'avantage de faire tirer très-facil-
lement, & fans danger, trois rangs
à la fois. M. *Lavoifier* fit enfuite
une expérience des effets de l'air
fixe, en faifant mourir un oifeau
qui en a été frappé comme de la
foudre. M. *Sage*, autre Académi-
cien, (1) a demandé cet oifeau
mort, & a pris un peu d'alkali
volatil fluor dans le creux de fa
main, en a frotté le dedans du bec
de l'oifeau, qui a fait d'abord quelques petits mouvemens, & a eu
l'air de refpirer avec des convul-
fions. M. *Sage* a dit à M. le Comte
de Falkenftein : *Je crains de m'être
trop preffé, peut-être l'oifeau mour-
ra une feconde fois.* Il a recom-
mencé de le frotter doucement
avec de l'alkali volatil fluor, &
l'oifeau s'eft remis par dégré, s'eft
agité, enfin s'eft envolé : on a demandé qu'on ouvrît les fenêtres,
& il a reçu la liberté avec une nou-

---

(1) Cet article eft pris prefque mot à mot d :s
Papiers publics.

velle vie. Cette expérience eſt d'autant plus intéreſſante qu'elle annonce un remede à des maux qui ſemblent tenir de l'apoplexie.

Après cette ſéance, l'Empereur, conduit par le Comte d'Angivillers, eſt entré dans le Jardin de l'Infante. Le ſieur *de Bernieres*, de l'Académie des Sciences, lui a été préſenté comme l'auteur de la grande loupe de liqueur; quoique le ſoleil fût pâle, qu'il y eût des nuages, & qu'il s'en fallut de beaucoup que cette loupe ne fût remplie de tout l'eſprit-de-vin qu'elle doit contenir, parce qu'on n'avoit pas été prévenu, le ſieur *de Bernieres* fit fondre en moins d'une minute, un écu de trois livres à ſon foyer. Cette expérience a paru ſurprendre & intéreſſer l'Empereur, qui fut très-ſatisfait de la ſéance de l'Académie des Sciences, dont il voulut bien recevoir un jetton. Les expériences qui y furent

F iij

faites , & les lectures qu'il entendit
étoient trop attachantes. De toutes
nos Académies, c'eft celle qui s'occupe le plus particuliérement des
découvertes , & dont l'objet eft
inconteftablement l'utilité. C'eft
elle que l'Empereur devoit préfé-
rer , & il en fit un cas particulier.
On n'en eft point étonné quand
on fait qu'il paffe la moitié de fa
vie dans les atteliers des Artiftes ,
& dans les cabinets des Savans. Il
vifitoit la galerie des Plans, actuellement à l'Hôtel-Royal des Invalides , il apperçut qu'un Plan n'é-
toit point exact : « Meffieurs, dit-il,
» on s'eft trompé : cet ouvrage qui
» devroit être à gauche eft à droite ;
» ici, ce qui feroit bien à droite
» eft à ga... . Qui a levé ce Plan» ?
Le Monument de l'Eglife Sainte-
Genevieve lui fit plaifir à voir ; la
Sculpture du fieur *Couftou* le frappa,
jufques là qu'il demanda au Roi
pour cet Artifte (1) , le Cordon de

_____

(1) Le fieur Couftou n'a pas furvécu long-

l'Ordre de Saint-Michel. Le Roi
y ayant consenti, l'Empereur s'est
rendu chez le sieur Soufflot, Ar-
chitecte de Sainte-Genevieve, &
Chevalier de l'Ordre, où il a fait
lui-même la cérémonie de décorer
le sieur Coustou. Il a visité le sieur
Greuze, Peintre; il s'est occupé
avec lui dans son attelier, une
après dînée entiere. On a toujours
vu l'Empereur tel qu'il étoit en
Italie, vêtu d'un habit gris, ou
brun, sans marque distinctive.
C'est de cette sorte qu'il s'intro-
duisoit par-tout; c'est par ce moyen
qu'il a souvent joui du plaisir de
voir l'empressement que les François avoient de le connoître & de
s'entendre louer par des bouches
non suspectes. *M'entendre dire cela
à moi-même, c'est une satisfaction
dont je n'avois pas d'idée,* disoit

tems à l'honneur qu'il a reçu; il a peu joui de sa
décoration; il est mort dans le mois de Juin, la
France a perdu dans lui un habile Sculpteur.

F iv

Henri IV en pareille occasion.

M. le Comte s'égare fur fa route en venant à Paris, fuivi d'un feul homme : un Château fe préfente à eux ; il demande à parler au maître ; il n'y eft point ; mais Madame eft dans fon falon : ils font introduits ; on leur fert à dîner, & la maîtreffe les prie de vouloir bien lui permettre d'aller au-devant de l'Empereur. — Il ne paffera point encore, nous le favons, parce que nous fommes à lui.— Je n'irai donc point encore ; c'eft un Prince... on n'en a point vu d'auffi bienfaifant, d'auffi populaire ; je meurs d'envie de le voir. —Vous voulez le voir, Madame--. Oui, Monfieur, car c'eft un fi bon Prince ! --Voilà fon portrait fur cette tabatiere, que vous voudrez bien accepter de fa part--. L'embarras de cette Dame, les larmes du fentiment, fa joie, furent un fpectacle bien intéreffant pour l'Empereur.

À Paris, il entre au Café de la

Régence, il veut jouer aux échecs ;
un joueur se présente à condition
qu'ils ne feront pas long-tems. La
partie ne finissoit point ; le joueur
étoit inquiet, l'Empereur lui demande ce qu'il a ? --C'est que l'Empereur vient à l'Opéra, l'heure
passe, vous m'obligeriez de remettre la partie-. --Vous ne verrez
qu'un homme comme un autre,
sans marque distinctive-. --Je
verrai, Monsieur, l'Empereur,
le bienfaiteur d'une Nation entiere,
un Souverain à qui j'ai voué dans
mon cœur un éternel hommage.
Un homme comme lui est si pré-
cieux-. —*Eh bien ; regardez-moi, &*
achevons notre partie.

L'Empereur va à la Ménagerie,
Le Suisse chargé de la montrer,
lui dit d'attendre la Messagerie
qui doit arriver. Elle arrête ordinairement, & ceux qui sont dedans s'amusent à voir les animaux : vous les verrez ensemble.

F v

--Volontiers-. Il entre avec les curieux, du nombre defquels étoit un étranger, connoiſſeur, qui fatisfait d'entendre l'Empereur , le prenoit par la manche, en lui difant : Monſieur, vous avez des connoiſſances... Fort bien... Expliquez-moi cela... Répétez, je vous prie.

Un Fiacre fait que M. le Comte de Falkenſtein eſt au Palais-Royal, il fe met au paſſage & l'attend. L'Empereur fort, & veut fe faire conduire. --Non, je ne le puis, j'attens l'Empereur-. --Mais il n'eſt plus au Palais-Royal-. --Bien vrai-. --Oui : marche à l'Hôtel de Tréville , rue de Tournon-. M. le Comte defcend , & donne au Cocher un louis ; celui-ci croit à une méprife, s'adreſſe au portier de l'Hôtel , qui lui dit : c'eſt l'Empereur. —C'eſt l'Empereur... Vous ne me trompez pas... J'ai donc mené l'Empereur !... Que j'en fuis aife !.. Je vais boire à fa fanté... Eh ! eu ; j'ai mené l'Empereur.

L'Empereur a affifté à une féance de l'Académie des Infcriptions
& Belles-Lettres. Le fieur *Dupuy*,
Secrétaire perpétuel, rappella dans
un difcours les travaux dont la
Compagnie s'eft occupée depuis
l'époque, où s'arrêtent les deux
nouveaux volumes de fon Recueil;
M. *le Beau* lut un Mémoire fur la
difcipline du Soldat Légionaire.
M. *de Villoifon* donna une notice
d'un Manufcrit Grec de l'Impératrice Eudoxie. M. l'Abbé Ameil-
hon lut un extrait de la préface de
M. Dupuis, fur un Fragment Grec
d'Anthémius, concernant des Pa-
radoxes de Méchanique. La féance
fut terminée par la lecture d'un
Mémoire fur la Métallurgie des
Anciens. L'Empereur fe rendit à
l'Académie Royale de Peinture &
de Sculpture, où il vit les Tableaux de réception des Académiciens, de là il vifita le fieur *le
Moine*, fi eftimé par fes Sculp-

F vj

tures favantes & par le bufte de la
Reine. Il y vit le bufte charmant
de M.ne la Comteffe du Barry ; il
demanda s'il étoit bien reffemblant.
Un autre bufte fe préfenta à lui ;
c'étoit celui d'*Helvétius* ; il donna
des regrets à fa mort ; *J'aurois été
flatté de m'entretenir avec lui.* Le
Jardin des Plantes, & le Cabinet
d'Hiftoire Naturelle l'attirerent à
leur tour, il examina cette Collection
précieufe par les chofes rares qui
y font raffemblées , & par l'ordre
qui y eft établi , & qui n'eft dû
qu'à M. *de Buffon*; il y vit la fta-
tue de ce célebre Naturalifte qu'une
maladie retenoit chez lui. L'Empereur s'y tranfporta : il ne voulut
jamais permettre que M. de Buffon quittât, ni fa robe-de-chambre,
ni fon bonnet de nuit. Il l'entretint
pendant deux heures. Il vifita les
Gobelins , la favonnerie : il donna
des Eloges aux Directeurs de ces
Manufactures Royales ; il fit dif-

tribuer de l'or aux ouvriers. Il en
agit de même à la Manufacture des
Porcelaines de Seve; il donna la
préférence à la Porcelaine de Seve
fur toutes celles qu'on fait en Allemagne. Il fit remettre à l'Intendant
un diamant de prix.

L'Hôtel Royal des Invalides lui
parut majeftueux : le Dôme le
frappa finguliérement. Il fe fit inftruire de toutes les parties de l'adminiftration de cet afile confacré
à ces vieux foldats qui ont répandu
leur fang au fervice de l'Etat : fon-
dation vraiment refpectable , &
qui honore la mémoire de Louis
XIV. Il n'y a pas long-tems qu'on
a fait dans l'Allemagne un établif-
fement femblable. Ce n'eft que
depuis le Regne de Marie-Thé-
refe, & fon inftitution eft bien
loin d'approcher de la pompe de
notre édifice. Le Roi de Pruffe, dont
les vues font profondes, a envi-
fagé différemment l'état des Invalides. Il a voulu leur affurer non-

feulement des fubfiftances dans
leur caducité, mais les rendre encore utiles; il me femble avoir
mieux concilié que nous l'intérêt
du Soldat avec l'intérêt de l'Etat.
Il renvoie les Invalides avec une
paie un peu forte chacun chez eux :
ces Soldats, la plûpart fils de la-
boureurs, rentrent dans leur famille, vivent en commun, & dé-
penfent leur argent dans leur village, ou fe mettent en penfion
chez un payfan qui a intérêt de
foigner fes penfionnaires pour per-
pétuer la penfion. Les Dimanches
& Fêtes ces Invalides qui ont inf-
pection fur les jeunes gens défignés
pour la Milice, les affemblent fur
la place principale de l'endroit, &
les exercent aux travaux militaires.
Leurs difcours font fermenter dans
le canton cette ardeur guerriere
qu'ils eurent dans leur jeuneffe,
&, par ce moyen, ils préparent
au Prince, fans dépeupler les campagnes, des colonies *Agrico-mili-*

taires. Il eſt bien peu de Soldats en
France qui ne préféraſſent a *l'Hôtel* dix ſous par jour, avec la liberté
de les dépenſer chez eux, & qui
ne fuſſent flattés d'être encore utiles dans leurs vieux jours.

L'Empereur ſe rendit au Palais
le 1 ⟨ Mai ; il entra dans la Grand'-
Chambre au moment que M. Sé-
guier parloit dans la Cauſe de M.
le Maréchal de Fitz-James, à qui
M. de Saint-Simon diſputoit la
Grandeſſe d'Eſpagne venue du
Chef de Madame de Valentinois :
cet Avocat-Général ſaiſit quelques
circonſtances de la Cauſe où il étoit
queſtion du Roi d'Eſpagne, pour
y encadrer l'éloge de l'Empereur.
Il s'exprima avec tant de feu, avec
une effuſion de cœur ſi marquée,
qu'il fût aiſé de s'appercevoir que
cet éloge vrai n'étoit point prépa-
paré (1).

_____

(1) L'Empereur a aſſiſté une autre fois à l'audience, dans une des lanternes : on fit à cette

M. le Comte affifta à une féance
de l'Académie Françoife. M. *Da-*
lembert fit lecture de quelques Sy-
nonymes François, & d'un Eloge
abrégé de Fénelon; M. *de la Harpe*
lut une Traduction de lui, du premier Chant de la Pharfale de Lu-
cain, & M. *Marmontel* lut un
Difcours en Vers, fur l'Hiftoire. Il
reçut un jetton que l'Académie lui
préfenta, il demanda qu'on lui

---

occafion les vers fuivans :

M A R F O R I O.

Grand miracle, Pafquin,
Le foleil dans une lanterne.

P A S Q U I N.

Allons donc, tu me bernes.

M A R F O R I O.

Pour te dire le vrai : tiens, Diogene envain
Cherchoit jadis un homme une lanterne en main,
Eh bien, à Paris, ce matin,
Il l'eût trouvé dans la lanterne.

nommât tous les Académiciens
reçus ; il fut furpris de ne point
voir fur la lifte MM. *Diderot* &
l'Abbé *Raynal*. M. Dalembert répondit qu'ils ne s'étoient point préfentés, & qu'il étoit d'ufage que
les Candidats fiffent inftance eux-
mêmes. Il a paru au plus grand
nombre des perfonnes inftruites,
que l'Académie Françoife pouvoit
rendre fa féance plus intéreffante.
Il falloit déployer la richeffe du
génie ; faire fentir la chaleur du
Dieu qui infpire nos Orateurs,&
nos Poëtes François, rappeller le
fouvenir des Ecrivains immortels
qui ont embelli la Langue, & il-
luftré la Scène. L'Empereur a daigné promettre fon portrait. Le
Temple des Mufes qui l'a vu fimple & particulier retentira un jour
de fon panégyrique prononcé par
la bouche de l'Orateur avoué de
la Nation. Jamais louange n'aura
été mieux méritée. J'ai vu des lar-

mes couler des yeux de l'auditoire
au récit des vertus de Fénelon, &
cet Archevêque n'étoit qu'un fujet. Combien fera intéreffant l'é-
loge d'un Souverain, dont le nom
réveillera tant de doux fouvenirs!
Vous qu'un vafte Royaume chérit
autant par reconnoiffance que par
devoir, & que l'étranger honore.
O *Jofeph*, puiffiez-vous vivre jufques à la derniere vieilleffe! Une
fi belle vie appartient à vos fujets
dont vous faites la félicité, aux
peuples étrangers qui voient en
vous un modele digne d'être of-
fert aux Rois : *ferus in cœlum re-
deas.*

Un plus long féjour de l'Empereur auroit opéré à coup fûr
une réforme dans l'étiquete. Nos
Souverains ne fortent jamais qu'ils
ne foient fuivis de leur Capitaine
des Gardes de quartier, d'un déta-
chement de Gardes du Corps, comman-
mandé par un Brigadier & un

Exempt. —*Mon frere*, lui dit un jour S. M. I., *pourquoi cette suite ? nous n'en avons pas besoin pour nous promener : aujourd'hui, souffrez que je sois votre Capitaine des Gardes-*. S. M. & l'Empereur se promenerent à *Trianon*, parcoururent le parc de Versailles. Ces promenades ont été répétées plusieurs fois : la Reine en étoit, sans cortege, sans autre suite que les personnes qui vouloient voir ces Monarques chéris. On assure qu'il s'est trouvé un soir deux mille spectateurs autour de la piece des Suisses, ce qui fit dire à l'Empereur : *Sire, nous voilà en belle compagnie.* Le même soir, S. M. I. se trouva au jeu de la Reine : Elle se tenoit debout, les mains posées sur la chaise de Madame Adélaïde, & faisoit du bruit avec ses doigts ; cette Princesse lui dit : « M. le Comte, vous oubliez un peu l'incognito ». *Auprès de vous, Ma-*

dame, il eſt mal-aiſé de ne pas vou-
loir ſe faire connoître.

M. le Comte de Falkenſtein
avoit tout vu ; il ne reſtoit de curieux & d'intéreſſant a voir que les
Éleves de *l'Abbé de l'Epée.* Ce
reſpectable citoyen s'eſt chargé du
penible emploi d'animer des hommes condamnés par la Nature à un
état paſſif : le déſintéreſſement le
plus rare ajoute au mérite de ſon
inſtitution. Qu'eſt-ce qu'un ſourd
& muet de naiſſance ? *Deſcartes*
l'eût preſque rangé dans la claſſe
des machines. Entre les mains de
l'Abbé de l'Epée il prend une nouvelle vie, il ſent ſon exiſtence, ſon
ame ,que le manque des organes retenoit dans l'inaction & la captivité,
s'élance avec liberté,ſaiſit les idées
les plus métaphyſiques, les communique aiſément, & ſe met au
niveau de toutes celles que la Nature n'a pas traitées avec la même
rigueur. Quel ſpectacle pour un

cœur fenfible , que celui des leçons de *l'Abbé de l'Epée* ; les yeux des éleves dans lefquels paroît fe porter toute l'activité des fens qui leur manquent, font fixés fur l'inftituteur, aucun de fes geftes n'échappe, tout eft faifi dans fon attitude ; fes regards, le mouvement de fes levres ; en un inftant les crayons font en l'air, & , à l'aide de quelques geftes faits avec rapidité, la queftion eft écrite fur-le-champ , & la réponfe faite avec la même rapidité. M. *le Comte* a honoré de fa préfence un des exercices de *l'Abbé de l'Epée* ; rien ne lui a échappé de ce que fa méthode renferme de curieux dans la théorie & la pratique , & il a bien prouvé que ce fpectacle étoit un de ceux qui avoit le plus excité fon admiration. Il demanda à *l'Abbé* s'il n'avoit tranfmis fon fecret à perfonne. --J'avois demandé au Gouvernement deux fuccefleurs que je

puſſe inſtruire, je n'ai pu l'obtenir-.
*--Je vous en ferai venir douze de
Vienne ; vous voudrez bien leur
communiquer des procédés qui ſer-
vent ſi bien à l'humanité. Il y a
des infortunés dans mon Royaume
à qui votre méthode rendroit la vie
un préſent du Ciel. Ne me recon-
duiſez point, M. l'Abbé, je vous
le demande en grace, de vaines cé-
rémonies ne doivent point remplir un
tems que vous rendez ſi précieux-*. Il
lui fit remettre le lendemain une
tabatiere en or, ornée de ſon portrait, avec cinquante louis qu'il le
chargeoit de diſtribuer à ſes éleves.

Le ſieur C** a eu l'honneur de
préſenter à l'Empereur à cette
occaſion les Vers ſuivans :

Nouveau Pygmalion,
Ton augufte préſence
Sur nos ſens, tout-à-coup, fit tant d'impreſſion,
Que nous allions jouir d'une entiere exiftence.
Oui, Prince, encor un ſeul inſtant
Nous entendions les ſons de ta voix énergique,

Et la nôtre, sans doute, auroit dans le moment
De tes vertus fait le panégyrique.
Par un concert mélodieux
Nous aurions célébré la sagesse profonde
D'un Roi, qui non content de rendre un peuple
heureux,
Va faire encor le tour du monde
Pour répandre en secret des secours généreux,
Mais l'heure s'avançoit, ta noble modestie
Te déroboit l'effet que tu faisois sur nous.
Tu sortis au moment que ton divin génie
Sur nos sens agités portoit les derniers coups.
Quels regrets, en effet, de rester sans organe!
De ne pouvoir chanter un Prince vertueux,
Lorsque de vils flatteurs, d'une bouche profane,
Cent fois ont célébré des tyrans odieux.

Qu'il seroit doux de nous entendre!
Si pour répondre aux soins de notre Instituteur,
Nous pouvions exprimer ce qu'il nous fait com-
prendre
Sur notre bienfaiteur.
C'est alors, qu'inspirés par la reconnoissance,
Nous ferions retentir les airs de nos accens;
Mais hélas! puisqu'il faut te bénir en silence,
Grand Prince, daigne au moins agréer notre
encens;

Daigne te souvenir qu'ami du vrai mérite,
Le Français t'a prouvé qu'il admire & chérit
Un Roi qui, par bonté, ne fait voir à sa suite
Que l'amour de son peuple, & le goût & l'esprit.

Les délassemens de l'Empereur
étoient toujours les Spectacles. Il
a assisté à l'Ambigu - Comique
d'*Audinot* ; mais ce sont des jeux
d'enfant, dont la gentillesse & le
germe incertain des talens font
tout le mérite. Les Comédiens
Italiens ont une Musique agréable, mais les Drames sont si foibles, il y a si peu de bonnes Pièces,
si peu de bons Acteurs ; c'est du
son & de la voix, & puis rien. Ce
Spectacle n'étoit point fait pour
le ramener souvent. Les Comédiens François, maîtres du Théâtre
de la Nation, héritiers des chefs-
d'œuvre de Corneille, de Racine,
de Voltaire, & de tant d'autres
Ecrivains du premier ordre, pouvoient seuls l'attirer. Il les a suivis
reguliérement ;

réguliérement ; Athalie, Zaïre,
Cinna , Mahomet , Nicomede ,
Œdipe ont été repréfentés devant
lui & à fa demande. La Scène
n'a jamais été abandonnée à ceux
qui doublent les bons Acteurs ;
c'étoit un enfemble chaud , un
jeu achevé , un effet théâtral
de la plus grande illufion ; les
fpectateurs s'empreffoient ; l'affemblée offroit un coup - d'œil
riant & magnifique. Mais tandis que tout le monde fe mon-
troit à l'envi, le feul homme de
qui on vouloit être vu , le héros
de tant de perfonnes fe retran-
choit derriere les grilles de fa loge,
contre l'inquiete curiofité des fpectateurs, & là , dans fon modefte
deshabillé, tranquille & recueilli,
il écoutoit attentivement le chef-
d'œuvre qu'on jouoit. La repréfentation d'Œdipe fut pour fa modeftie un jour perfide. Il étoit loin
d'imaginer qu'on pût y faire une

G

application auffi flatteufe pour lui.
Une autre fcène non moins écla-
tante l'attendoit fur le magnifique
Théâtre de l'Opéra où il alloit
quelquefois entendre de la bonne
Mufique, & jouir d'un fpectacle
vraiment beau , vraiment piquant.
Tous les Arts concourent enfemble
pour embellir ce Temple de l'Har-
monie, la Mufique & la Peinture
lui prêtent leur magie, la Poéfie
lui a confacré les vers enchanteurs
de Quinault ; & Terpfichore les
talens gracieux des plus aimables
Danfeufes. Il feroit à fouhaiter que
Thalie & Melpomene n'euffent
rien à envier à l'Opéra pour la
beauté de l'édifice , & pour la magnificence des décorations.

   L'Empereur affiftoit à une repréfentation d'Iphigénie , Opéra
de M. Gluck. La Reine eft arrivée , on a applaudi : l'Empereur
eft venu dans la loge de fa fœur;
il a été apperçu : les applaudiffemens ont redoublé. Il a voulu

s'y dérober ; mais les acclamations
devenant générales, il s'eft rendu
à l'empreffement des fpectateurs.
La Reine l'a pris par la main, &
l'a montré au public. M. le Comte
alors, avec un gefte, a défigné à
fon tour la Reine, comme celle à
qui tous les honneurs étoient dûs.
Madame, & Madame la Com-
teffe d'*Artois* ont applaudi ; toutes
les mains ont parti à la fois, &
des pleurs de joie fe font échappés
des yeux de notre Souveraine au
moment qu'Achille ordonnant à
fes fujets de célébrer leur Reine,
indiqua la loge où S. M. étoit,
& commença le chœur :

Chantons , célébrons notre Reine.

L'Empereur en fut touché. M.
de Pezai, connu par tant de jolis
vers, a célébré ce moment atten-
driffant.

Si le peuple peut efpérer
Qu'il lui fera permis de rire,

G ij

Ce n'eft que fous l'heureux empire
Des Princes qui favent pleurer.

J'ai parodié dans une circonftance, non moins heureufe, le joli
air de M. Marmontel : *Ah! dans
ces Fêtes*, de l'Ami de la Maifon:

> Ah ! qu'elle eft belle !
> Se montre-t-elle ?
> Tous les fujets
> Sont fatisfaits.
> On entend : ah! voilà la Reine
> Qui feroit , fans la royauté ,
> Par fa beauté
> Bien Souveraine.
> Ah! voilà ; la voilà la Reine ,
> Bien Souveraine
> Par fa beauté.
> Son cœur eft noble & tendre ;
> J'ai vu de fes beaux yeux
> Des larmes fe répandre ,
> On lui faifoit entendre
> Les cris des malheureux,
> C'eft un préfent de la bonté des Dieux.

Enfin Jofeph II eft parti de Pa-

ris la nuit du 30 au 31 Mai, pour
continuer fon voyage dans l'intérieur du Royaume; il a refufe de
donner fon itinéraire au fieur Doi-
gny, Intendant des Poftes, pour
n'être point annoncé. Sa fuite
n'eft que de vingt-quatre chevaux.
La maladie de l'Impératrice-Reine
auroit hâté fa fortie de France;
heureufement elle s'eft rétablie.
L'Empereur eft parti! il a em-
porté & notre admiration & nos
regrets, il a laiffé de lui le fouvenir
d'un Roi, qui, pour acquérir des
connoiffances, defcendà l'état d'un
fimple particulier; fon regne fait
tout efpérer. Des fujets font heureux quand un Roi eft accoutumé
de voir tout par fes yeux. *J'aime
les hommes fans diftinction.* Tel fut
le cri de fon cœur, & tel a été,
jufqu'ici le motif de fa conduite.
Il eft parti! mais il a pris dans nos
cœurs une place à côté de Louis

XII & d'Henri IV, &c, (1).

Le premier jour de fon départ
de Verfailles, l'Empereur étant
fur la route de Rouen, paffa devant la maifon de Magnanville, ap-
partenante à M. Boulongne de
Préninville; il la vifita; il y trouva
le célèbre *Jeliote* qu'il pria de chanter. Ce moderne Amphyon s'en
défendit; allégua fon âge, le peu
d'habitude; l'Empereur infifta : le
Chanteur fe mit à fon clavecin,
& chanta, comme au tems où fa
voix charmoit toute la France, un
air de l'Acte de Titon & l'Aurore.

(1) On affure que le Roi demanda à l'Empereur combien fon voyage lui coûtoit : *Cela ira à
un million au plus, & j'aurai fait beaucoup
d'heureux.* Le Roi dut être étonné ; rien qu'un
million pour un Empereur, pour un fi grand
voyage, & beaucoup d'heureux ! tandis qu'un
voyage à Compiegne ou à Fontainebleau excede
cette fomme ; on m'a affuré, & je le crois,
qu'on paffoit à chacun de ces voyages, quarante
mille francs pour corde & emballage.

L'Empereur lui en marqua sa satisfaction : il ajouta même qu'il adoucissoit les regrets qu'il avoit de quitter Paris.

S. M. I. se détourna de sa route, & vint visiter à *Limoux* , Madame la Comtesse de Brionne,& le Prince de Lambesc de l'auguste Maison de Lorraine ; Elle dîna. Il s'y étoit rendu des Seigneurs, qui ne purent qu'admirer les procédés honnêtes de l'Empereur, & les offres qu'il fit à ses parens.

L'Empereur s'est rendu à *Veret*, Terre de M. le Duc d'Aiguillon ; mais ce Seigneur, dans ce tems-là, prenoit les eaux ailleurs. S. M. I. fut satifaite des beautés qu'Elle y vit, & dit obligeamment : *Il ne manque ici que le Maitre de la maison*. Le séjour de l'Empereur à Rouen fut de deux jours, qui furent employés absolument à parcourir la ville, & les Manufactures de velours de cotton du sieur

G iv

Hockner; il étoit accompagné du
Duc de la Rochefoucault, Colo-
nel au Régiment de la Fere. Dans
un village à une lieue de diftance
de cette ville, un Curé qui vouloit lui faire un compliment, prit
fon Cuifinier pour lui : le Cuifinier
fe défendit en vain ; il fut obligé
d'écouter la harangue, & de donner fa main à baifer à M. le Curé.
Le 2 Juin, M. le Comte paffa à
Caën (1), & quoiqu'il fût affez
tard pour s'arrêter, il voulut aller
deux lieues plus loin, au village de
Villiers, où il ne trouva pour fouper, que du fromage mou, & pour
lit, que de la paille. Il arriva le 3,
à Dol en Bretagne, vers les dix
heures du foir; le lendemain, dès

_____

(1) On étoit prévenu à Caën du paffage de
l'Empereur, la Milice Bourgeoife avoit pris
les armes, les Officiers Municipaux l'atten-
doient pour le haranguer, les femmes étoient
parées ; le cérémonial qu'on lui préparoit,
l'obligea de paffer outre.

le grand matin, tous les habitans
entouroient la maifon où il repofoit.
Deux jours après, au paffage d'une
rivière , trois payfannes étoient
dans le bac avec lui; il fut reconnu ,
& la plus hardie vint à lui. —Monfeigneur, vous êtes le bieau-frere
de notre bon Roi-. —*Oui, mon
amie-*. —Vous devriez bien lui
dire de nous rendre nos hommes
qui font là-bas fur le batiau pour
contrebande ; ça nous rendroit
bian joyeufes. L'Empereur fe fit
expliquer ce jargon, & on lui apprit que les trois hommes étoient
aux galères à Breft pour crime
de contrebande. L'Empereur leur
promit fa protection , écrivit lui-
même fur fes tablettes les noms
des trois perfonnes détenues à
Breft ; il a féjourné dans cette
ville quatre jours (1); il a vifité

_____

(1) L'Empereur vir dans l'Arfenal une machine ingénieufe , propre à déboucher un canon.

le Port & les Atteliers; il a mon-
té dans les Vaisseaux qui étoient

---

*Cela me manque. Je desirerois qu'un ouvrier ,
fabricateur de cette machine, voulut aller à Vienne.
Je le récompenserois.*

Il dit à un Avocat Breton , à l'occasion de l'i-
diôme usité en Bretagne, ou *Bas-Breton : Si un
homme qui n'auroit aucune connoissance du François faisoit un testament olographe , en patois
breton , ce testament seroit-il reçu?*

Cette observation étoit juste, & faisoit en peu
de mots la critique des différens idiômes qu'on
tolere en France, & qu'on ne peut corriger
qu'avec peine. Le Roi de Prusse a tenté cette en-
treprise; nul conquérant européen ne l'avoit es-
sayée. Il veut établir dans ses Etats l'uniformité
du langage , & substituer la Langue Allemande
aux différens idiômes qui sont en usage dans
quelques parties de ses domaines. Il y aura à cet
effet des écoles dans toutes les Provinces où l'on
ne parle point cette Langue. Pour engager le
peuple à se conformer à ce plan , S. M. y atta-
che des avantages, & pour seconder les maîtres
que le Roi se propose d'envoyer, on fera passer
avec eux des familles allemandes , que l'habitude de parler leur Langue rendra très-utiles
dans les commencemens de l'exécution de ce
projet. Il n'y a que les Tartares, destructeurs de
la derniere Dynastie Chinoise , qui ayent donné
l'exemple de cette adroite politique.

en rade; il a fait donner de l'argent aux ouvriers. Il trouva à *Saint-Malo*, dans la même Auberge, un Négociant nommé *M. de Rose*, revenu de l'Isle de France; il passa la nuit à s'entretenir avec lui du Commerce de l'Inde. Ce Négociant lui remit des mémoires instructifs. C'est par une attention aussi marquée à s'instruire, que l'Empereur donne tous les jours de nouvelles preuves de son cœur.

Son entrée à Saumur fut brillante par un concours d'habitans & d'étrangers qui s'empressoient sur son passage : on vouloit le voir; on le suivit jusqu'au palier de son appartement. Il fut obligé de demander grace & la liberté de l'Auberge. MM. le Marquis de Poyane, Commandant de la Province, le Comte de Rochambeau, Maréchal de Camp, le Chevalier de Montaigu, le Comte de Béthune, Officiers supérieurs des Ca-

G vj

rabiniers, étoient venus à fa ren-
contre. L'Empereur pria qu'on fit
retirer la fentinelle qu'on avoit mis
à la porte de fon Auberge ; il affifta, en uniforme verd, aux ma-
nœuvres des Carabiniers : *Point de
falutation, je vous prie* ; dit-il à M.
de Poyane, qui commandoit les
évolutions. Deux Carabiniers, l'un
bleffé d'un coup de feu, & l'autre
embourbé avec fon cheval dans
une marre, reçurent des marques
de fa générofité. Il vifita les ca-
fernes où il trouva une multitude
d'hommes & de dames qu'il falua
avec intévêt. A fon départ, la reconnoiffance & l'admiration publiques éclaterent par les cris répétés de *vive le Roi*, *vive l'Empereur*, *vive la Reine* ; l'Empereur at-
tendri, répondit à fon tour, *vive
le Peuple*. Eh ! oui, M. le Comte,
vive le Peuple : un Roi qui a le
cœur de fes fujers, a de grandes
reffources. Le Peuple a des bras,

de l'induſtrie, des entrailles : c'eſt
tout ce qu'il faut pour donner le
ſpectacle d'un Etat heureux ; le
reſte n'eſt tout au plus qu'une brillante ſuperficie:

L'Empereur a viſité à *Tours* les
Manufactures de ſoie. Son entrée
à Touloufe fut auſſi flatteufe pour
lui que celle de Saumur : même
empreſſement pour le voir. Il arriva
avec peine, au milieu d'une foule,
à ſon Auberge. Il prit dans le Cabinet de M. l'Archevêque une
notice de la Province de Langue-
doc. Parmi les Dames qui eurent
l'honneur de le faluer dans les
falles de l'Archevêché, il parut
diſtinguer Madame la Préſidente
de Sauveterre. Il examina le Pont
fur la Garonne que joint la ville
au fauxbourg Saint-Cyprien ; vit
l'écluſe du canal de Brienne , &
fur le Pont la jonction de l'Océan
à la Méditerranée. Il partit trop
promptement , les Capitouls &

les Académiciens des Jeux-Flo-
raux ne purent lui être préfentés.

Vers.

Vous prétendez en vain prolonger notre erreur:
Tout décele un fecret dont vous n'êtes plus
maître;
Ce modefte appareil nous cache l'Empereur,
Mais vos bienfaits le font connoître.

Il a rencontré à Bordeaux
MONSIEUR, frere du Roi; il a
été témoin de la pompeufe réception qui a été faite à Son Alteffe
Royale, devant laquelle on a porté
le dais; & n'en a pas moins gardé
l'*incognito*; il a logé à l'Auberge:
il a vifité la ville & le port, s'eft
porté à pied dans tous les endroits
curieux à voir, & s'eft entretenu
avec les Négocians les plus inf-
truits, de l'objet principal du commerce de cette ville, de fa corref-
pondance, & de l'exportation
étrangere.

Il a pris la route de Fontarabie
& de Saint-Sébastien, où il est arrivé accompagné de M. le Duc de
Crillon , Lieutenant - Général en
France & en Espagne. Il s'est
transporté au Fort d'*Andaïl*, dernier poste de France. C'est - la que
furent dressées les batteries contre
Fontarabie, lorsqu'il fut assiégé en
1638 par le Prince de Condé.
L'Empereur reconnut la breche
par où les François avoient passé.
Des Invalides gardent cette Place,
depuis que les deux Nations sont
amies. S. M. I. vit manœuvrer à
Saint-Sebastien le Régiment de
Navarre, dont elle fut très-satis-
faite : elle visita les magasins de
Cacao & de Fer : elle reçut les
Alcades en robe de cérémonie
avec leurs baguettes. La femme
du Gouverneur & celle du Co-
lonel du Régiment de Navarre
lui furent présentées. S. M. I. se
rendit chez M. de Basse-Cour ,

Gouverneur de la Province de
Guipufcoa, que la goutte retenoit
dans fon lit; paffa le Bidaffois, qui
fépare l'Efpagne d'avec la France,
vint à Saint-Jean de Luz, d'où
elle fe rendit à Bayonne (1), où
elle a voulu voir les Pyrenées,
& tout ce qui eft relatif à l'exploi-
tation de la mâture; particuliérement les travaux qu'il a fallu faire
pour tailler fur des rochers, & dans
des blocs de marbre, entre des préci-
pices qui ont plus de fix cens toifes de
profondeur, fur des demi-voûtes
de douze pieds de hauteur, & de
huit cens toifes de longueur, & au-
deffus des torrens les plus rapides,
un chemin praticable pour tirer

(1) M. le Duc de Crillon, qui a fuivi l'Empereur dans ce voyage, donne les plus grands éloges à fes connoiffances, à fa généroficé, & au
foin qu'il prend d'obferver toutes les bienféances.
C'eft un homme, dit il. Ce mot peint énergique-
ment, & mieux qu'un difcours oratoire, le
Souverain dont il parle.

des arbres énormes, du poids de
vingt à trente milliers de livres,
& les conduire à l'entrepôt de
Bayonne, d'où ces mâts font enfuite diftribués dans les différens
Arfenaux de la Marine.

L'Empereur a devancé *Monfieur* à
Toulon. Il a vifité les Fortifications,
l'Arfenal & la Rade. Le Corps de
la Marine de ce Département a
donné des Fêtes au frere de fon
Roi, dont la nouveauté a dû l'éton-
ner finguliérement. Des combats
navals, des joûtes fur l'eau, une
illumination générale de tous les
Vaiffeaux, le bruit des canons
d'une ville fermée de remparts,
& environnée de forts, de cita-
delles & de redoutes, un fiége fait
par les troupes de terre; tous ces
amufemens guerriers, & les feuls
que cette ville pouvoit lui offrir,
avoient certainement leur prix.

L'Empereur vit lancer à la mer
le Caton, Vaiffeau de 60 ca-

nons. Ce n'étoit pas la premiere fois qu'il avoit confidéré une machine auffi énorme, dans un équilibre auffi étonnant ; ce n'étoit point la premiere fois qu'il avoit vu travailler dans des Arfenaux.... Mais ce qui lui parut nouveau, & ce qui le frappa, ce furent les Provençaux dont l'agilité & la foupleffe répondent à la vivacité nationale ; intelligens & prompts à exécuter, fe piquans d'émulation dans les plus durs travaux ; vifs, mais rarement étourdis, ils devancent le fignal & fuppléent à ce qu'on a oublié de dire. Le jour qu'on lance un Vaiffeau à la mer eft pour eux un jour de fête, quoique le travail en foit plus pénible. L'Empereur fut pénétré de tant d'ardeur & de tant de zele : *Quelle Nation,* s'écria-t-il, *que la Françoife, il n'eft même pas befoin de la commander.*

Il partit le lendemain de l'arrivée

de *Monſieur* ; il étoit allé voir à
Hieres le jardin des Heſpérides ,
une plaine d'orangers , & des ver-
gers ſans art , mais délicieux. Il
s'embarqua pour les iſles d'Hieres,
où il vit une pêche de poiſſons. Il
retourna ſur ſes pas ; s'arrêta une
journée à Marſeille , aſſiſta au concert des amateurs de cette ville , au
ſpectacle ; monta à l'hôtel de ville ,
où il conſidéra avec attention le
tableau de la peſte qui ravagea la
Province. L'Empereur viſita à *Car-
caſſonne* la Manufacture de Draps
du Sr. *la Roque.* Il s'entretient avec
ce Fabriquant ſur la Mécanique de
l'Art, ſur la manière de faire les
couleurs, de les nuancer, ſur l'ex-
ploitation des Draps de Carcaſſon-
ne dans le Levant. Il ne demeura à
Avignon que le tems néceſſaire
pour changer de chevaux, & ſe re-
poſer. Il s'arrêta à Lyon : (I) viſita

_____

(1) Quelqu'un ayant dit à l'Empereur , s'il

quelques Négocians, avec léfquels
il parcourut toutes les fabriques de
foie & de gaze de cette ville , ainfi
que les monumens remarquables ,
qui n'y font point en grande quantité. Il examina les travaux de la
ville neuve , dirigés par le fieur
Perrache. Delà , il prit la route de
Verfoy ; on avoit conjecturé qu'il
feroit au *Philofophe de Ferney*
l'honneur de le voir : fon amour
pour les Arts, fon attention à dire
des chofes honnêtes aux Artiftes ,
faifoient croire qu'il feroit tenté de
connoîtreperfonnellementleChan-
tre de Henri, l'Homere François ,
le fucceffeur de Corneille & de Racine , l'Ecrivain qui a réuni tous les
genres d'écrire , & prefque toutes
les connoiffances, l'homme devenu
plus précieux par fon âge même ;

---

n'iroit point à la Comédie , il répondit : *Je fuis
venu à Lyon pour voir les Fabriques & non la
Comédie.*

cet homme célèbre ne compte prefque plus parmi les vivans , que par
le fouffle du génie qui l'anime encore, & qui femble lutter avec le tems.
Sans doute (1) la même fatalité
qui priva M. de Voltaire de recevoir le Roi de Suede, l'a privé
d'entendre l'Empereur. Des nouvelles preffantes, dit-on, le rappel-
loient dans fes Etats. Les ennemis de
M. de Voltaire ont répandu le bruit
que l'Empereur n'avoit pas marqué
d'empreffement pour le voir ; ils
ont fait courir une plaifanterie
dont le fel n'eft que dans un foible
jeu de mots ; quelques torts qu'on
veuille imputer à M. de Voltaire ,
l'Empereur eft trop fage & trop
inftruit , pour ne pas rendre juftice à cet Ecrivain. Il a vifité M.
de Buffon , il eût entretenu M. de

_____

(1) On a demandé à l'Empereur , de retour à
Vienne, s'il avoit vu M. de Voltaire, il a ré-
pondu : *Je ne l'ai point vu , mais je l'ai beaucoup
lû.*

Voltaire. Il eût donné à ce vieil-
lard un beau jour de plus ; S. M. I.
l'eût entendu s'écrier dans l'excès
de la joie : je n'ai plus rien à regretter dans la vie ! J'ai vu renaître
Marc-Aurele.

L'Empereur est entré dans la
Suisse par Geneve (1), & delà il

---

(1) M. le Comte de Falkenstein, en passant à
Geneve, ne reçut que M. de *Sauſſure*, Pro-
feſſeur de Physique, qu'il voulut bien aller voir
le lendemain. Ce Savant fit en sa présence plusieurs expériences d'électricité, parmi lesquelles,
M. le Comte admira sur-tout celle de l'Aurore
boréale ; il lui parla avec intérêt de celle de la
commotion donnée par la torpille, dont il avoit
été témoin à la Rochelle. Il visita M. *Liotard*,
Peintre très-fameux. Il envoya chercher M.
Zeerleder, Banquier ; il parcourut avec lui l'Ar-
senal & la Bibliotheque. Il s'entretint avec le
célèbre M. *de Heller : Il n'a voulu*, dit ce Savant,
*ni gardes, ni honneurs, il m'a fait une visite de
quarante minutes sur le soir, avec les Seigneurs
de sa suite ; il a été familier, facile, & d'une con-
versation agréable ; il ne boit point de vin, & sa
diete est austere ; il ne soupe point. Il étoit hâlé &
se plaignoit de la fatigue de son voyage.* Il paſſa
la nuit sur un matelas, sous lequel on avoit
étendu de la paille. Le lendemain il se rendit,

s'eft rendu à Fribourg en Brifcaw.
là fe termine fon voyage de France (1).

Vers fur le paffage de l'Empereur en Suiffe.

Le Voyageur qu'admire l'Helvétie
Ne vient-il point, aidé de fes vertus,
Revendiquer certains Etats perdus
Grace aux foins de la tyrannie?
Les grands hommes toujours ont eu de grands
projets.

---

fur les cinq heures du matin, fur la plate-forme
(promenade près de la Cathédrale.) Il s'eft tranf-
porté dans une maifon de campagne, d'où l'on
découvre Geneve fous un très-beau point de
vue, coupée d'ailleurs par le Rhône, qui, après
avoir quitté le lac, vient majeftueufement recevoir en tribut les eaux de l'*Arve*, lefquelles fe
confondent avec les fiennes, à peu près au pied
de la colline d'où l'Empereur découvroit la ville.
Il fe propofoit de partir pour *Langnau*, à dix-
huit mille de Berne, pour voir un payfan nommé
Michel Sckuppach, qui s'eft rendu célébre par des
cures très-heureufes; mais apprenant que douze
voitures l'avoient devancé, il partit pour *Hallviell*,
fitué fur les frontieres du Canton de Berne, où
il fe propofoit de voir ce Seigneur. Il fe rendit à
Bâle, à petites journées, conduit par un Voitu-
rier; delà il paffa à *Schaffhaufen*.

(1) L'Empereur eft arrivé le 10 Juillet à Fribourg

Cette sagesse consommée,
L'art de répandre à propos ses bienfaits ;
Mille talens valent bien une armée.

. . . .

La Suisse avoit raison. Ce Prince magnanime
Vient de justifier pleinement ses frayeurs ;
Partout il a levé le tribut de l'estime,
    Et fait prêter hommage à tous les cœurs.

en *Brisaw*, il s'y est arrêté cinq jours pour travailler ; le 20, il s'est levé de grand matin, & s'est occupé
long-tems dans son cabinet. Le Margrave de Bade,
avec les Princes ses fils, le Prince Louis de Hesse d'Arm-
stadt, le Prince regnant de Furstemberg, & plusieurs
autres Seigneurs ou Princes de l'Empire eurent l'honneur de lui rendre leurs devoirs. Le 24, l'Empereur
est parti pour le Vieux-Brisac. Sa suite continua le
voyage par le territoire Allemand de Vusrhinfeld.
S. M. I. passa le Rhin avec le Comte *Colloredo* pour
voir la forteresse françoise de *Neuf-Brissac*. A Hunin-
gue, Elle vit le Régiment Suisse de Lochmano, auquel il donna des éloges ; & il témoigna beaucoup
d'estime au Commandant de la Place. Après avoir
passé par Bâle, S. M. I. visita la fameuse cataracte du
Rhin ; Elle passa même avec trois ou quatre Seigneurs
de sa suite, dans un petit bateau, à une centaine de
pas de la chûte, sur la rive opposée au territoire du
Canton de *Zurick*, où cette cataracte en tombant au
pied du Château de *l'Auffru*, avec un fracas terrible,
offre un spectacle qui frappe l'imagination. De retour
sur la droite du fleuve, l'Empereur se rendit en car-
rosse au pont du Rhin. Il partit ensuite pour Constance,
d'où il a continué sa route sur Brigentz. Il est arrivé à
Schombrunn (le premier Août) où était la Reine-
Mere.

F I N

www.ingramcontent.com/pod-product-compliance
Lightning Source LLC
Chambersburg PA
CBHW052101090426
42739CB00010B/2267